AF282294

Manfred Sundermann

Demut der Baukunst
Rudolf Schwarz und Emil Steffann

NEUTOR

Bibliographische Informationen der Deutschen Nationalbibliothek:
Die Deutsche Nationalbibliothek verzeichnet diese Publikation in der
Deutschen Nationalbibliothek; detaillierte bibliografische Daten sind
im Internet über http.//dnb.d-nb.de abrufbar.

Manfred Sundermann:
Demut der Baukunst, Rudolf Schwarz und Emil Steffann
© 2023 Manfred Sundermann
Konzeption und Bearbeitung: Neutor – Münster
ISBN 978-3-757-80478-7
Herstellung und Verlag: BoD – Books on Demand, Norderstedt

Inhalt

Zwei Außenseiter?

Am 24. November 1931 widmete Rudolf Schwarz in Aachen Emil Steffann in Freundschaft sein Buch *Wegweisung der Technik*. Am 12. November 1981, 50 Jahre später, wurde in der Staatlichen Kunstakademie Düsseldorf die Ausstellung *Rudolf Schwarz (1897 – 1961) und Emil Steffann (1899 – 1968) – Zwei Rheinische Baumeister des 20. Jahrhunderts* mit dem Kolloquium *Über die Rückführung der Architektur auf die Philosophie* eröffnet. 1979 waren die Bauwelt *Zeitgemäßen Unzeitgemäßes* und die Bauwelt Fundamente 51 *Rudolf Schwarz, Wegweisung der Technik und andere Schriften zum Neuen Bauen 1926 – 1961* erschienen, im November 1980 die Ausstellung *Emil Steffann* in der Kunsthalle Bielefeld gezeigt worden.

Wolfgang Pehnt schrieb damals: *Epochen der Ungewißheit sind mit der Suche nach neuen Vorbildern verbunden, die Berufungsinstanzen werden ausgewechselt. In der Architektur scheinen jetzt Außenseiter eine Chance zu erhalten, die sich der Dauer statt der Mode verschrieben haben, die Bauen nicht als Programmerfüllung, sondern als Sinnerfüllung betrachteten.* [1] 1999 wurden die Ausstellung *Rudolf Schwarz Architekt einer anderen Moderne* gezeigt, 2008 in Faksimile die *Wegweisung der Technik* wiederaufgelegt, ihre *Botschaft*

---

[1] Wolfgang Pehnt, Beschränkung aufs Ganze, Rudolf Schwarz und Emil Steffann / Ausstellung Düsseldorf, FAZ, Dienstag, 8. Dezember 1981, Nr. 284 / 25

7

von Wolfgang Pehnt mit dem Oxymoron *Kalte Hochglut* bezeichnet. Seitdem floss viel Wasser aus den Quellen der Nebenflüsse den Rhein hinunter. Diesem Strom gleich, lenkten Rudolf Schwarz und Emil Steffann den Hochmut der Architektur auf die Demut der Baukunst. Ihre kleine Pfarrkirche Bilderstöckchen, Köln 1947, ein nicht realisiertes Projekt, bildet mit der 1962 in Merkstein bei Aachen von Emil Steffann gebauten Kirche St. Johannes den Rahmen dieser Textsammlung aus den Jahren 1979 bis 1983. Sie begleitet die Zusammenschau *Das naheliegende Einfache, Emil Steffann und die Baukunst 1921 – 1968* und das Dokument *Rudolf Schwarz und Emil Steffann, Planmappe Sankt Anna.*

Baukunst verstanden Rudolf Schwarz als fließendes und Emil Steffann als inneres Bild. *Wegweisung der Technik* war das Band ihrer Freundschaft, eine vorbehaltslose, vielseitige *Innerlichkeit* ihrer Baukunst setzten sie gegen die einseitige, vorurteilsvolle *Bezogenheit* von Architektur auf ,*Technik*‘, die Würde des Menschen gegen *Gewalt und Größe von Geist und Natur.* Sie waren, ihrer Zeit weit voraus, wegweisende Vorreiter einer offenen, geschichtsbewussten Moderne; Rudolf Schwarz setzte 1953 mit der Bauhaus Debatte den Werkbund Streit von 1914 fort, Emil Steffann erkannte im Altem Neues. Die ursprünglichen Überschriften der Texte und ihre Chronologie stehen in den Hinweisen.

Demut der Baukunst

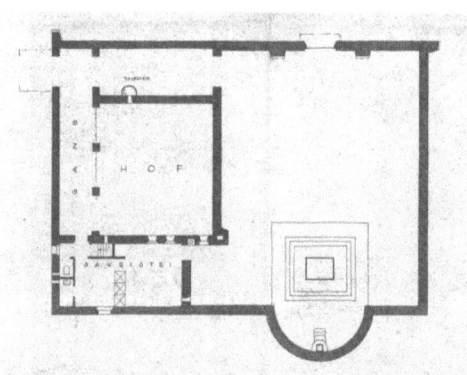

Emil Steffann und Rudolf Schwarz: Pfarrkirche ‚Bilderstöckchen' Köln, 1947

Rudolf Schwarz

Rudolf Schwarz war ein denkender Baumeister, und Baukunst war ihm gestaltete, sinnerfüllte Ordnung. Wo auch das Leben ihn hinstellte, (...) immer durchdrang er denkend seine Aufgabe und begann sein ordnendes Werk.[2]

Mit diesen Worten gedachte Ludwig Mies van der Rohe Rudolf Schwarz und ehrte dessen Werk in der wechselseitigen Bedingung einer Doppelbegabung, die Rudolf Schwarz eine dritte, höheren Einheit entdecken ließ, die der *wirkmächtigen Bilder*. An diese Welt der Bilder zeitlebend gebunden entwickelte Schwarz sein anschauliches Denken zu einer entsprechend bildlichen Diktion und Baukunst. Rudolf Schwarz stellte sich den Fragen und Aufgaben seiner Zeit, sie regten sein Denken unmittelbar an und erörterte er in seinen zahlreichen Schriften. Belesen – und wie er später einmal bemerkte, in die *abendländische Denktradition* gestellt, die mittelalterlichen Denker und Theologen bedeuteten ihm besonders viel – veröffentlichte Rudolf Schwarz als junger Architekt im Alter von 26 Jahren zwei für sein weiteres Schaffen grundlegende Schriften: *Über Baukunst* und *Auf dem Wege zu einem neuen Geschichtsbild*.[3] Sie zeigten die Ursprünge seines Denkens und Bauens, der Denk- und Sinnbilder seiner Baukunst und einer *Wegweisung der Technik*, die Ulrich Conrads als

---

[2] Ludwig Mies van der Rohe, Brief aus Chicago, den 14. April 1963, in: Rudolf Schwarz, Denken und Bauen, Heidelberg 1963.
[3] Die Schildgenossen, 4.J, 1923/24

eine nicht von Begriff zu Begriff fortschreitende Denkform bezeichnete, die so notwendig war *wie Luft zum Atmen*.[4]

Die Baukunst: Rudolf Schwarz beginnt seinen Text *Über Baukunst* mit der These, dass das Wissen um die Baukunst in Vergessenheit geriet[5]: *Will man heute über Baukunst sprechen, so sieht man sich der Tatsache gegenüber, dass für einen solchen Versuch die Grundlagen fehlen, die Anschauung dessen, was eigentlich Baukunst ist, und die Fähigkeit, zu architektonischen Dingen Stellung zu nehmen, sind derart abhandengekommen, dass selbst anerkannte Grundbegriffe fehlen.*[6] Diejenigen, die bauen und über Baukunst reden, müssen Wissende sein. Da dieses Wissen um die Baukunst verloren ging, muss es zurückgewonnen werden. Wo ist dieses Wissen zu suchen? Schwarz ist der Ansicht, dass es mithilfe einer weitgreifenden Berücksichtigung all dessen, was Menschen 'bauen', gelingen kann, dieses verschüttete Wissen wieder aufzudecken. Bauen ist ein Bilden und bedeutet mehr als nur ein Setzen und Fügen von Stoffen, es ist das verbindende Wirken des menschlichen Geistes: *Wo aus geschiedenen Dingen ein Einiges wird, da ist Baukunst: In den Menschen springt etwas Verbindendes auf, irgendetwas, das sie zur Gemeinschaft baut; sie werden Familie, Gemeinde,*

---

[4] Ulrich Conrads, Eine andere Form der Rede, in: Rudolf Schwarz, Wegweisung der Technik und andere Schriften zum Neuen Bauen 1926-1961, Braunschweig / Wiesbaden 1979, 7

[5] Giorgio Colli, Die Geburt der Philosophie, Frankfurt 1981, S.13 ff., G. Colli weist daraufhin, dass Platon die Weisheit als ein verlorenes Gut ansah, das nur mit der 'Liebe zur Weisheit' (der Philosophie) wiederzuerlangen sei. Schwarzens These zur Baukunst ist dem Gedanken durchaus verwandt.

[6] (2): Schwarz merkt selbst an, dass es sich hier um die Adaption des Augustinischen Ausspruchs 'Aller Schönheit Wesen ist Einheit' handelt

Volk.[7] Auch da ist Baukunst, wo das Leben sich über sich selbst hinaus in einer höheren Wirklichkeit erfüllt: Die Pflanze baut sich ihren Leib, ein seelischer Inhalt seine Form, das Volk baut sich seinen Staat.[8] Diesen Gedanken geht Rudolf Schwarz ausführlich in seinem Buch *Von der Bebauung der Erde* nach. Dinge und Menschen bilden Beziehungen. Die Formen ihrer Beziehungen sind selbstbestimmte Ordnungen und nicht von außen aufzuzwingen. Ein jedes Ding verwirklicht sich, indem es das wird, was es ist. Hierin erfüllt es seine Existenz. Bauen ist ein generelles Ordnen und Fügen: Die Erde bildet sich in geologischen Schichten; die Natur bildet aus Stoffen, Pflanzen und Lebewesen; die Menschen bilden ihre sozialen, rechtlichen und staatlichen Ordnungen, ihre Landschaften und Kulturen.[9] Baukunst aber verwirklicht sich nur in einem kleinen Bereich all dieser Bildungen, obwohl sie in all den genannten Formationen wurzelt. Sie ist der sichtbare Ausdruck zwischenmenschlicher Beziehungen und Ordnungen[10]: *Bauen heißt auch, Beziehungen der Nachbarschaft*

---

[7] „...Volk ist die Vereinigung einer vernunftbegabten Menge, die durch einträchtiges Streben nach gewissen geliebten Dingen zusammengehalten wird (...)". Augustinus, Vom Gottesstaat, Buch 19, Kapitel 23/24. Schwarz sieht im Volk nicht eine beliebige Summe von Untertanen, letztlich meint er wohl das 'Volk Gottes'.

[8] Rudolf Schwarz, Von der Bebauung der Erde, Heidelberg 1949, 21.

[9] 'Bauen ist nichts anderes als ein Nachvollziehen der Entscheidungen, die im Leben fallen', bemerkt Emil Steffann.

[10] E.F. Schumacher, A Guide for he Perplexed, London 1977. E.F. Schumacher, der bedeutende Kritiker des 'technoiden Fortschritts' sieht in der Folge Mineral, Pflanze, Tier, Mensch eine hierarchische Struktur. Jede Daseinsweise verwirklicht eine entsprechend höhere bzw. niedrigere Form des Lebens. Schumacher, dessen Denken, wie das von Schwarz auch, in der Tradition von Augustinus und Thomas v. Aquin steht, meint, dass die Dinge nur auf der jeweiligen Ebene ihres Daseins verstanden werden können und einen hierarchischen

gründen, Abstände sichern, Ordnungen einsetzen.[11] Aber der umfassende Sinn der Baukunst bleibt im Dunkel der Geschichte verborgen. Von dort gewinnt sie Gestalt und tritt ordnend ins Licht der Gegenwart. In ihrer Großartigkeit ist sie eindrucksvoll und gewaltig: *Baukunst ist eine Urkraft, die aus Urtiefen aufspringt, das Urphänomen, das eine Ordnung schafft.*[12] Sie entsteht aus ‚toten‘ Stoffen, sie kann darum dauern. Sie ;stirbt‘ nicht, aber sie zerfällt. Sie *umwirkt* menschliches Leben und für Schwarz ein vom Leben erfülltes, geistvolles Wirken in ständiger Anpassung an die Bedingungen menschlichen Seins:

Lebensvorgänge verlaufen in Analogien: Innere Lebensprozesse finden ihren analogen, äußeren Ausdruck;[13] denn Baukunst heißt, dem Leben der Menschen Bilder zu bauen. Unsichtbares gewinnt als Ereignis und Erscheinung seinen sichtbaren Ausdruck: *Lebendiger Raum ist Lebenserfüllung ins Ausgedehnte hinein, darum auch, wie alles Leben, zeitgebunden und nie absolut. Er ist voll Kraft, fließend, leibhaft. Sein einziges Bezugssystem ist sein Lebensinhalt, sein Maßstab dessen innere Zeit.*[14] ‚Alles fließt‘, heißt es nach Heraklit, dem frühen Philosophen. Das Leben, die Schöpfung ist im ständigen Wandel begriffen. Es ist ein Entstehen und Vergehen. Sichtbares zerfällt ins Unsichtbare. Aus dem Unsichtbaren entsteht neues Leben in gewandelter Gestalt. Alles Leben,

---

Aufbau der Welt grundlegen, den Rudolf Schwarz mit den vier Landschaften beschreibt (8).
[11] (3)
[12] (3)
[13] (3)
[14] (3)

alle Lebensformen und –gestalten haben ihre eigene, bemessene Zeit. Jedes Ding hat seinen inneren Aufbau, durch den es sich bemisst und begrenzt. Durch diese innere, ihm eigene Gesetzmäßigkeit gewinnt jedes Ding seine bestimmte, nach außen wirkende Bedeutung.

Dies gilt auch für die Baukunst, nur ihr Verhältnis zur Zeit ist ein anderes als das von Pflanzen oder Maschinen. *Raum und Zeit (...) sind unter sich auf engste verwandt und stehen beide gemeinsam zum Leben im Symbolverhältnis; sie sind 'Leib', seine 'Gebärde'.*[15] Das ist eine der Grundthesen im Denken von Rudolf Schwarz. Raum und Zeit sind Wirklichkeitsebenen des Da-Seins, in gegenseitiger Durchdringung besteht das eine im anderen und kann nur im anderen erfahren werden. Von innen nach außen deutet Schwarz Zeit in den Raum der Welt. Abstrakter Raum oder konkretes Bauwerk, Räume bilden für ihn keine vollkommen in sich geschlossene Körper. Er versteht sie als offene Gefäße, deren innere Leere sich im Maß ihres vorgegebenen Inhalts mit Leben und Sinn erfüllt. Leere heißt für ihn Erwartung, sucht Erfüllung, ist bereitete Offenheit. Im Vorgang der Ereignisse bauen sich Zeiträume auf Wirklichkeitsebenen zu geschichtlicher Gegenwart. Die Baukunst arbeitet mit starren Stoffen und kann nicht allen Ereignissen und Lebensformen angepasst werden, das macht sie träge Die Welt kennt mehr Wesenheiten als Erscheinungen und bietet mit den Erscheinungen ihrer äußeren, sichtbaren Welt nur erste, flüchtige, vergängliche Eindrücke wirkenden Lebens: *Zwischen Wesen und Symbol bleibt ein*

---

[15] (3)

15

Abstand. (...) Seele und Wesen sind ungleich reiner und edler als ihre zeitliche Erscheinung (...). Dem Leben bleibt gegenüber seinem Raumsymbol keine Wahlfreiheit. Es kann zum Ausdruck seines Wesens nicht Symbole wählen (...) Die Kugel ist nicht eine, sondern die Form einer Innigkeit (...); Kreis, Welle, Spirale, all diese Dinge der räumlichen Welt sind (...) allgemeingültig, Glieder einer Urwelt, der Welt der 'Gestalten', die letzte Tatsachen sind (...), keiner weiteren Rückführung fähig (...), ewige(r) Ideen Gottes.[16]

Da die Baukunst nur wenige wahre Gestalten kennt, bleiben nach Meinung von Rudolf Schwarz die Lehre und Freiheit der Baugestaltung durch einen vorgegebenen Rahmen von Möglichkeiten auf einer ihnen zugedachten Stufe von Wirklichkeit beschränkt. Das sinnenfällige Wahrnehmen eines Dinges erfasst seine ganze reale Existenz, das geistige Erkennen umfasst das unsichtbare Wesen seiner ganzen Wirklichkeit: Bauen und Denken sind ein beständiges Bemühen um Sinn. Es ist ein immerwährender, nicht abgeschlossener Vorgang, der ständig endet und neu beginnt: *Wir wollen Baukunst wieder als Lebensvorgang begreifen (...). Denn (...) Baukunst ist eine räumliche Erfüllung, die Entfaltung einer Leiblichkeit. Konstituierendes Element der Baukunst ist der architektonische Raum, also das, was in dem Gefäß der Wände und Decken, der Böden und Stützen eingeschlossen ist: ein zartes, immer fließendes und immer hervorgebrachtes Gebilde aus Licht und Leben.*[17] Hier verweben sich die Vorstellungen von Rudolf Schwarz mit den Gedanken Bonaven-

---

[16] (3)
[17] (3)

turas: Der architektonische Raum ist ein fließendes Gebilde aus Licht (und Leben). Im Licht bildet sich ein räumliches Gebilde aus Licht und im Fließen dieses Lichtes wird es durch dieses Licht immer wieder aufs Neue hervorgebracht. Das Licht einer Lampe bildet in der Finsternis einen Raum, im Fließen des äußeren Lichtes entsteht im Spiel von Licht und Schatten ‚Architektur‘, ein lichtes Gebilde sinnlicher Wahrnehmung, und kündigt im Licht geistiger Erkenntnis von einem höheren, ewigen Licht.[18]

Zeugnis vom Licht: *Zeugnis vom Licht* wollte Rudolf Schwarz ursprünglich sein 1938 im Werkbund Verlag/Würzburg erschienenes Buch *Vom Bau der Kirche* nennen. Licht und Leere haben in seiner Architektur herausragende Bedeutung. Seine Kirche St. Fronleichnam (Aachen 1930) lebt ganz aus diesem Erlebnis. ‚Architektur‘ dachte Schwarz als Raum und ein Bauwerk war ihm kein ästhetisches Gegenüber, vielmehr ein Werkraum im Wirkraum von Licht. Dieses Innen nannte er ‚Architektur‘. Er baute mit Licht, seine Wände fingen das Licht ein und schenkten Menschen Raum.

Bei Bonaventura heißt es: (…) *wir entnehmen, dass alle Geschöpfe dieser sinnenfälligen Welt die Seele des Betrachtenden und Weisen zum ewigen Gott hinführen, weil sie von diesem ersten, mächtigsten, weisesten und besten Prinzip,*

---

[18] (8) s. Bonaventura, De Reductione Artium Ad Theologiam, München 1961, S.235. Bonaventura unterscheidet vier Arten von Licht, das äußere, niedere, innere und höhere Licht. „Das erste Licht erleuchtet in bezug auf die Gestalten der Kunst, das zweite in bezug auf die Naturformen, das dritte in bezug auf die geistig erkennbare Wahrheit, das vierte und letzte in bezug auf die Heilswahrheit". Hier sind die vier Analogien zu den vier Landschaften wie sie Rudolf Schwarz aufzählt: Landschaft der Arbeit, Landschaft der Bildung, Landschaft der Hoheit, Landschaft der Anbetung.

von diesem ewigen Ursprung, ewigen Licht, von dieser ewigen Fülle, von dieser, sage ich, schaffenden, abbildenden, ordnenden Kunst Schatten sind, Echo und Gemälde; Spuren sind sie (...),[19] und weiter: *Unser Geist ist nun aber wandelbar, und deshalb kann er jene als unabänderlich aufleuchtende Wahrheit nur durch ein ganz unveränderlich strahlendes Licht erkennen, dies jedoch kann nichts Geschaffenes sein, das veränderlich ist. Die Vernunft erkennt also in jenem Licht, das 'jeden Menschen erleuchtet, der in diese Welt kommt'. Das ist 'das wahre Licht' und 'das Wort, das im Anfang bei Gott war.'*[20] Hierzu vermerkt Romano Guardini: *Bonaventura – ebenso wie Augustin; und vorher die Neuplatoniker; und, wie mir scheint, auch Platon selbst – Bonaventura erfährt das Gewinnen der Wahrheit als ein inneres Heiligkeitsgeschehnis .(...) In diesem 'Licht' strahlt für Bonaventura die Idee, das ewige Wesens-, Wert- und Sinn-Bild im Geiste aus (...) Gestalten ist für Bonaventura ein Durchlichten.*[21] Dies war die Quelle der Baukunst von Rudolf Schwarz.

Die Geschichte: Baukunst und -geschichte waren ihm kein toter, wissenschaftlich-historischer Gegenstand, zeigten Persönlichkeit und Wirklichkeit, Mensch und Werk. Durch die Baukunst wirkte die Baugeschichte in der Gegenwart und, weil eine starre *Ideenlehre* wie ein willenloser Fatalismus nur ihre Quellen verstopften, entwickelte Schwarz Gedanken zu einem *nachneuzeitlichen Geschichtsbild* und kritisierte in

---

[19] (18) Bonaventura, Pilgerbuch der Seele zu Gott, 89
[20] (18) 99, hier bezieht sich Bonaventura ausdrücklich auf Johannes I, K 1-9. Seine ‚Lichtmetaphysik' mag hier ihre Ursache haben.
[21] Romano Guardini, Eine Denkergestalt des hohen Mittelalters: Bonaventura, in: 'Die Schildgenossen', 10. Jahrgang, 1930, besonders 6-8

seinem Aufsatz *Auf dem Wege zu einem neuen Geschichtsbild* am 19. Jahrhundert folgendes: *Das Geschichtsbild des Historismus knüpft Ereignis an Ereignis, wie sich die Glieder einer Kette verknüpfen; jedes Folgende drückt das Vorhergehende in die Vergangenheit hinunter; Wirklichkeit lag auf der schmalen Schneide des Augenblicks. (...) Dies Geschichtsbild ist heute unhaltbar. Seine Voraussetzung, dass Vergangenheit ehemalig und ohne fortdauerndes Leben sei, weil das Leben sich im punktförmigen Zeitraum der Gegenwart vollziehe, hat sich nicht bestätigt, vielmehr gibt es eine Sphäre, wo vergangene Lebendigkeit unmittelbar gegenwärtig ist, und dies ist in der Tiefe der beseelten Dinge beschlossen. Von dort steigt sie auf, neu Gestalt werdend. Die Tatsachen der 'Vergegenwärtigung', der Erinnerung, sind zahlreich (...).*[22] 'Raum und Zeit' bildeten für Schwarz im Gedächtnis geschichtliche Gegenwart, in der lebendigen Gegenwärtigkeit der Geschichte aufgehend, ein Geschichtsbild:

An ein Geschichtsbild sind heute zwei Forderungen zu stellen (...): Es muss uns die ganze bewegte Gelöstheit des nachneuzeitlichen Menschen wahren, indem es aus Personalismus und Freiheitsbewusstsein endlich die unausweichbaren Folgerungen zieht. Es hat also die klare und straffe Kontur des Konkreten zu behalten: seine Einmaligkeit, seine

---

[22] (18), Bonaventura schreibt (95): *Die Tätigkeit des Gedächtnisses besteht aber im Behalten und Sich vorstellen nicht nur der gegenwärtigen und zeitlichen Dinge (...). Das Gedächtnis behält nämlich das Vergangene durch Erinnerung, das Gegenwärtige, indem es dies aufnimmt, und das Zukünftige durch Voraussicht. (...) Wegen seiner ersten Tätigkeit des aktuellen Behaltens alles Zeitlichen, des Vergangenen, Gegenwärtigen und des Zukünftigen, ist das Gedächtnis ein Bild der Ewigkeit, deren unteilbares Jetzt sich über alle Zeiten erstreckt.*

Einordnung in bestimmten Ort und bestimmte Zeit, in bestimmte Verhältnisse und Umgebungen (...). Es muss dem 'Allgemeinen' gerecht werden, jener anderen Ordnung des 'Zugleich', des innerlichen Bezogenseins; wo die Form wiederkehrt, wo das Ereignis (...) die Zeiten überspringen kann (...); die Ordnung, wo das Ereignis eine Art von Allzeitlichkeit und Allörtlichkeit hat (...).[23]

Aufschlussreich ist, dass Rudolf Schwarz seine Überlegungen zu einem neuen Geschichtsbild mit einer an Augustinus erinnernden Bestimmung der Zeiten abschließt: *Das Zukünftige besteht schon irgendwie im Gegenwärtigen, aus dem es als Vorahnung und Vorbild hervorbricht; das Vergangene manifestiert sich in Gegenwart und Zukunft, in Symbol, in traumhafter Erinnerung, in Nachahmung oder biologischer Entwicklung zurückkehrend.*[24]

---

[23] (3)

[24] (3), Augustinus, von dessen Gedanken Bonaventura geleitet wird, bemerkt dazu, (Bekenntnisse, 18. Kapitel): *Auf welche Weise die Vergangenheit und die Zukunft gegenwärtig sind: Wenn die Zukunft und die Vergangenheit etwas sind, so möchte ich wissen, wo sie sind. Vermag ich das nicht in Erfahrung zu bringen, so weiß ich doch wenigstens Eines, nämlich: wo sie auch sein mögen, sie sind da nicht als zukünftig oder vergangen, sondern als gegenwärtig. Denn wären sie als zukünftig, so wären sie noch nicht, und wären sie als vergangen, so wären sie nicht mehr. Was sie also auch sein, und wo immer sie sich befinden mögen, sie können da nur gegenwärtig sein. Wenn wir also Wahres, aber Vergangenes erzählen, so schöpfen wir aus unseren Gedächtnissen, zwar nicht diese Dinge selbst, die nicht mehr sind, aber ihre durch das Wort ausgedrückten Bilder, welche die Sinne in unseren Geist geprägt haben, und welche gleichsam die Spuren ihres Vorüberganges sind.*

Diese Gedanken schließt Augustinus ab, indem er feststellt (20.Kapitel): *Wie man den Unterschied der Zeiten nennen soll: Das also ist klar bewiesen, dass die Vergangenheit und die Zukunft nicht sind, und dass man streng genommen nicht sagen kann, dass es drei Zeiten gibt, die Gegenwart, die Vergangenheit und die Zukunft. Genauer würde man vielleicht sprechen, wenn man sagte: Es gibt*

Der Mensch erlebt Zeit in Bildern, in der Erinnerung, im Anblick und in der Erwartung der Dinge. Rudolf Schwarz bemerkt: *Der Mensch beginnt, wieder den eigenen Sinnen zu glauben, die ihm die Welt als einen Strom ineinander sich verwandelnder Bilder melden und nimmt, stille geworden, ihre Botschaft entgegen. Im Sinnlichen erwacht ihm Sinn.*[25]

Bei Thomas von Aquin heißt es, *der erkennende Geist ist durchaus – das ist auf vollkommene Weise – das erkannte Ding.* Jedem Weltbild entspricht ein bestimmtes Geschichtsbild, ein ihm eigenes Verhältnis von Zeit, Ding und Mensch, welches sich in differenzierten, analogen Denk- und Sinnbildern ausdrückt. Schwarz wies dem Mittelalter zwei Weltbilder zu: die hierarchische Ordnung, die die Dinge nebeneinander an ihren jeweiligen Platz stellte, um sie erst in einer *jenseitigen Ideenwelt* zur Einheit zu binden; und die organische Weltvorstellung des Großen im Kleinen, die im Verhältnis der Dinge zueinander nicht nur ein Neben-, sondern auch ein Ineinander sah, aus dem Dinge zu ihren *wechselnden Sinnbildern* heranreiften.[26] Rudolf Schwarz verwob in seinem Denken, das er wie Bonaventura als ein *lebendiges Tun und Sein* übte, als ein *Angerührt-Werden durch das Wahre* erfuhr, beide Weltvorstellungen:[27] Aus der gestuften Rangordnung der

---

wirklich drei Zeiten, die Gegenwart der vergangenen Dinge, die Gegenwart der gegenwärtigen Dinge, und die Gegenwart der zukünftigen Dinge. Denn in meiner Seele finde ich diese drei Arten von Dingen, und ich sehe sie sonst nirgends. Die Gegenwart der vergangenen Dinge ist die Erinnerung an sie; die Gegenwart der gegenwärtigen Dinge ist ihr Anblick selbst; die Gegenwart der zukünftigen Dinge ist ihre Erwartung.

[25] (8) 117
[26] (8)
[27] (8) 117

Dinge und Werte entstand für ihn eine lebendige, vielfältige Welt von Erscheinungen, in der sich wechselseitig ergänzend die Dinge verwirklichten, zugleich die den Dingen immanenten Sinn- und Denkbilder ein komplexes Weltbild im geistigen Licht der Erkenntnis (lumen mentis) vorstellten.[28]

Denk- und Sinnbilder waren für Rudolf Schwarz Deutungen einer sinnvoll erfahrenen – weil sinnenfällig erlebten – Wirklichkeit voller verborgener Rätsel und Geheimnisse; nicht Wahrnehmungs- und Handlungsvorgaben waren sie Ereignis, Boten, Zeugnis des Lebens; aus den Denkbildern über das Sein der Menschen entstanden die Sinnbilder seines baumeisterlichen Schaffens. Diese Sinnbilder waren keine Allegorien seines Denkens. Im Sinn wurde das Zeugnis seiner Erfahrung seinem aus dem Erlebnis gezogenen Gedankenschluss analog. Die Metaphern der Bilder wurden zur Geistesbrücke zwischen Sinn und Gedanken, verwoben Erlebnis und Erkenntnis. Ein rein allegorisch aufgefasstes Sinnbild stellte für Schwarz bloß eine ästhetische Kategorie dar; das Denkbild ermöglichte und ordnete den unmittelbaren Ausdruck der Sinne. Sein Sinn suchendes Denken überprüfte das sinnlich Wahrgenommene auf seinen Wahrheitsgehalt, formte aus der erkannten Wahrheit ein Denkbild, das analog im Sinnbild wirkte. Sinnbild entäußert Denkbild, Denkbild verinnerlicht Sinnbild, könnte es nach Schwarz heißen: Der Wahrheitsgehalt der wechselseitigen Analogien bewahrte die Sinnfülle des Da-Seins und verlieh dem Leben den notwen-

---

[28] (8) Rudolf Schwarz sagt an andere Stelle (115): „Hinter die Welt kommen wir nie, wir bleiben immer davor und sie bleibt uns rundum". Schwarz denkt nicht 'zwei Welten'. Er konstruiert keine platte 'Metaphysik'.

digen Rückhalt. Im Gegensatz dazu arbeiteten skeptische Architekturdenker allegorisch, vertrauten nicht ihrer sinnlichen Wahrnehmung, sicherten diese nicht durch das Denken ab, zerdachten die Vernunft und sahen sich gezwungen, Gedachtes thesenhaft als 'Wahrheit' auszurufen, weil sie sich weigerten, diese zu erfahren und anzunehmen. Skeptische Architekturdenker widersetzten sich der Baugeschichte und lösten mit ihren Zweifeln die Grundlagen der Baukunst auf. Wohl aus diesem Grund hielten sie sich für berufen, ‚Architektur zu machen' und, als wollten sie sich ihre Zweifel beweisen, verbauten sie diese zu Allegorien. Sie 'dachten Architektur' und setzten sie als Theorie und Programm in Szene wie Rudolf Schwarz es bereits Anfang des letzten Jahrhunderts mit Rückblick auf das 19. Jahrhundert, das er zu gescheit und keiner Liebe fähig nannte, kritisierte. Das bemängelte er am Bauhaus und seinen Protagonisten, denen er vorwarf, sie hätten nicht *das Denken gelernt*.[29] Für ihn kam es auf die 'alten' Sinnbilder der Baugeschichte an. Sie galt es zu beleben; denn sie standen in Analogie zu den ihnen gemäßen Denkbildern, lösten die ;Trugbilder von Architektur' ab und führten zur Baukunst.[30] Um die Gegenwart der Geschichte zu erfahren, hatte in seinen Augen ein Baumeister die ganze Daseinsfülle zu betrachten, anzunehmen und zu bedenken: „*Wir nehmen die sinnlichen Dinge in ihrem Sinn und ihrer Wahrheit, wir*

---

[29] Rudolf Schwarz, Bilde Künstler, rede nicht: Baukunst und Werkform, 1/1953 und die folgende 'Schwarzdebatte' ebd. Hefte 2,3,4,10,11/1953
[30] Emil Steffann, Wider das Trugbild 'Architektur' Katalog 'Emil Steffann' , Bielefeld 1980, Düsseldorf 1981, 78-79, Manfred Sundermann, „Wider das Trugbild 'Architektur' ", Kunst und Kirche, Heft 2/1981, 99.

nehmen sie wörtlich, "[31] schrieb Schwarz und fasst zusammen, *dass es besser ist, die Dinge bleiben das, was sie sind und darstellen, als dass man versucht, aus allem ein Kunstwerk zu machen,*[32] und, dass *die Demut die enthaltsamen, die geraden und harten Dinge des täglichen Lebens liebt; denn gerade die einfachen und unverzierten Dinge sind ja die tiefsten und letzten,* und, *dass es ein Bauen gibt, das ist einfach (diesen) Dingen treu und gibt ihnen recht.*[33]

Rudolf Schwarz begründete eine Baukunst des anschaulichen Denkens, die das Wahr-Sein der Dinge sicherte, ihre Eigenart anerkannte und auf der vorgegebenen Ebene ihrer Wirklichkeit im Maß ihrer Werte zueinander ins Verhältnis setzte. Die Dinge wurden ihm wertvoll, weil sie sich voneinander unterschieden und einander bedurften, sich ergänzten und sich bereicherten, sich anzogen und sich voneinander abgrenzten, sich einander in der Hierarchie ihrer horizontal und vertikal gestuften Werte zuordneten und 'Raum' bildeten, zueinander gehörten und sich ineinanderfügten. Rudolf Schwarz erweckte Lebensbilder dieser in sich bestimmten Wertordnungen zur Baukunst. Er wandte sich in seinem Denken und Bauen gegen ein Gleichheitsprinzip, das er für unsozial, unpolitisch, unkünstlerisch, undemokratisch hielt und als menschenunwürdig empfand.

---

[31] (29)
[32] Rudolf Schwarz, Neues Bauen?, 1929, (3)
[33] (29)

Fragen

In seinen beiden Frühschriften *Über Baukunst* und *Auf dem Wege zu einem neuen Geschichtsbild* aus den Jahren 1923/24 entwickelte Rudolf Schwarz ein neues Verständnis von Baukunst und Geschichte. ‚Technik' ersetzte 1928 das Wort ‚Geschichte'; denn für Schwarz hatte das 20. Jahrhundert den Historismus des 19. Jahrhunderts gegen den Technizismus eingetauscht. In den drei Abschnitten seines Traktats *Wegweisung der Technik: Gespräch und Denken über Technik, Das Gesetz der Serie, Der Sinn der Schrift* mit Photographien von Alfred Renger-Patzsch, setzte sich Rudolf Schwarz 1928 kritisch mit der ‚Technik', ihrer wachsenden Machtentfaltung, mit ihren Ursachen und Folgen, auseinander. Seine *Wegweisung der Technik*, obwohl 1979 von Ulrich Conrads und Maria Schwarz in erweiterter Fassung und 2008 als Faksimile mit einem Nachwort von Wolfgang Pehnt in der Aachener Fassung aus 1929 im Verlag der Buchhandlung Walther König wiederaufgelegt, wurde mit wenigen Ausnahmen kaum beachtet.[34]

Der folgende Text stellte 1985 das erste Kapitel *Gespräch und Denken über Technik* vor.

---

[34] Alexander Henning Smolian: Serie oder Persönlichkeit – zum Technikverständnis von Rudolf Schwarz, 2014; Weltanschauung und Planung am Beispiel des Architekten und Stadtplaners Rudolf Schwarz, Dissertation 2014

Wer meinte, einiges über Technik zu wissen, stellte mit fortschreitender Lektüre fest, wenig davon verstanden zu haben. Diese Erfahrung gründete in dem Umstand, dass – wie Rudolf Schwarz gleich zu Anfang seines Textes bemerkte – *Gespräch und Denken über Technik* übersättigt waren mit Vorurteilen, deren schlimmstes sich mit der Bezeichnung 'Technik' selbst verband, und dieses *doppeldeutige Lehnwort, ein untiefes Leerwort*, anders zu deuten war als es in der Regel aufgefasst wurde: nicht als Methode 'technischer Verfahren' wollte es Schwarz verstanden wissen, sondern als das, was über die 'technische Methode', Macht und Wissen, verfügte, diese Macht und Größe beanspruchte und meinte, sich in ihr verwirklichen zu können; denn *die Sehnsucht nach dem Heroischen gefährdet den Bestand der Menschheit* und *das Mäßigungsbild 'Seele'* hatte das *Geschehnis in Tat, Gewalt in Stärke, Not in Leid, Geist in Adel und Klarheit, Natur in Leib, Weltraum in Bauwerk verwandelt.* Schwarz erklärte 'Technik' nicht als Fachmann, Ingenieur oder Erfinder, die spezifische Fachfragen lösten und technischer Verfahrens- und Herstellungsweisen anwandten, ihm ging es um ein Beherrschen und Mäßigen der Faszination, die industriell-technische Verfahrensweisen auf den Menschen ausübten und ihn verführten, diese in sinnloser Weise mit zerstörerischen Folgen in technikfremden Lebensbereichen einzusetzen. 'Technik' - und dieses Wort setzte Schwarz in Anführungszeichen - war ihm ein Phänomen, dessen Natur und Geist befragt werden musste, wollte man die tiefere Bedeutung dieses *Lehnwortes* erfahren. Ulrich Conrads nannte die *Wegweisung der Technik* eine Kampfschrift, die Rudolf Schwarz aufgrund des nicht gegebenen Zwiegesprächs mit einer schweigenden, von ihm als oberflächlich, töricht empfundenen Zeit in sublimierter Weise einer Auseinandersetzung einsam als langen, offenen Monolog verfasst hatte. Mit jeder Zeile seines Traktates versuchte er, das *untiefe Leerwort ‚Technik'* zu deuten, wohlwissend um die dunkleren Bereiche menschlicher Existenz, welche noch keinen Namen trugen, von denen die Menschen aber ahnend wussten; denn herkömmliche Begriffe halfen nicht weiter, reichten nicht hin, sie gaben den Dingen falsche Namen, zwängten neue Erfahrungen in alte Ideen oder drängten sie gedankenlos in den Jargon von Fachidiomen, führten zu nichts.

Was meint ‚Technik'? Sprache übte Rudolf Schwarz als Erkunden – verkündigen, verständigen – Bereden mit Zunge, Stimme und Geist. In diesem Sinne war sie auch Nachvollzug von Ereignissen und geschichtlich bestimmt. Dann war sie ein Tun, ein Sprechen. Im Augenblick des Handelns zog sie sich ins Schweigen zurück. Sprechen und Handeln schlossen sich aus. Hier schieden sich Welten, *Erzeugung, wo sie echt und ursprünglich bleibt, ist stumm und dunkel*, schrieb Schwarz und verstand ‚Technik' als Urgewalt. Dieses Angebot von *Gewalt und Größe* gefährdete menschliches Leben durch die ihm eigene Sucht nach dem Absoluten, dem absolut Wahren, dem in sich richtig Konstruierten, dem unbedingt Schönen, welche die Menschen dem Angemessenen, dem Bescheidenen und Gütigen vorzogen. Diese Urgewalt, die gleich einem Brand in kurzer Zeit eine alte Welt zerstörte, um eine neue zu bauen, folgte triebhaft ihren inneren Gesetzmäßigkeiten in für Menschen nicht mehr nachvollziehbaren

Maßstäben – maßlos verfuhr sie in den Setzungen ihrer sensationellen Superlative mit dem konkret Lebendigen.

Da, sollte Sprache diese absoluten Ansprüche schildern, dies nicht aufgrund ihrer inneren Logik, sondern nur durch ein Betrachten und Erörtern der Phänomene einer 'technischen Welt' gelingen konnte, unternahm Schwarz, seine Gedanken durch die 'Technikwelt' über ihre menschliche Bezogenheit hinaus auf Höhen und durch Tiefen führend, eine Expedition in die Leere unbekannter Lebensbereiche und mit seinem Traktat eine geistige Odyssee durch die Erscheinungen von ‚Technik‘, deren Wesen er weder auf Begriffe noch fachliche Sachverhalte beschränkte, in der Vielzahl ihrer Beziehungen und Formen darzulegen wusste. Das machte die Lektüre dieser Schrift schwierig und erforderte konzentriertes Mitdenken; denn Schwarz erörterte in immer neuen Gedankengängen, dass recht wenig über Welt ausgesagt werden könnte. Angesichts der für ihn unbeschreiblichen Ereignisse forderte er auf, diese anzunehmen und zu mäßigen. Letztlich überantwortete er diese Welt dem Leser, der eher beruhigenden Antworten als aufgetragene Verantwortung suchte.

Zurecht konnte die *Wegweisung der Technik* als *Kampfschrift* bezeichnet werden. Sie widersetzte sich der heroischen Moderne mit ihren Kurzschlüssen mechanischen Denkens, das allzu leichtfertig technischen Verfahrensweisen vernunftmäßige Gründe nachschickte, triebhafte Aspekte übersah und aus der Logik ein Fließband uniformer Vorurteile baute, auf dem die vorgefertigten Wahrheiten leicht zusammenzusetzen waren; denn gängige Vorurteile über ‚Technik‘ waren die von Zweck und Rechnung und beide Begriffe führten für Schwarz in die Irre. Sie reichten nicht hin. Sie beschränkten ‚Technik' auf ein zweckvoll berechnetes Handeln, führten den Menschen mit ihren technischen Errungenschaften aus den konkreten Bedingungen bemessener Lebensbereiche in abstrakte Lebenszusammenhänge und gerieten außer Kontrolle. Diese ‚Technik' weckte Mächte, die als beschworen galten: Geist und Natur, diese wirkten ohne Zweck und Rechnung. Erst das Freisetzen dieser Gewalten gebar technisches Denken und verursachte den zweiten Exodus aus dem nachgebauten, mittelalterlichen ‚Paradies', das im Vergleich zur Neuzeit für Schwarz eine maßvolle, aus Geboten und Verboten gebaute Welt voller Gesetze und begrenzter Räume darstellte, die ihre Erfüllung in der Transzendenz des Gebetes und des guten Werkes suchte. Der Auszug aus dieser Welt führte die Menschen in eine Leere und Weite von bisher ungeahnten Räumen und Ängsten, wo Himmel und Hölle im Wechsel von Euphorie und Apokalypse irdische Realitäten wurden. Abgesehen davon stand 'Technik' in Form. Ihre Erscheinungen bargen unter Umständen auch Sinn und ließen sich nicht ausschließlich vom Zweck her deuten. Rechnung meinte Zahl, diese wiederum war grundsätzliche, geistig-ordnende Qualität, nicht abzählbares Anhäufen von Mengen, Massen oder Normen. Letztlich verwiesen Geräte, die Zweck und Rechnung bestimmten, auf ihr Gegenteil, ihren möglichen, zweckfreien, unberechenbaren Zustand, meinte Rudolf Schwarz und bezog diese Erkenntnis auf die *Gegensatzidee als Richtung und Maß in sich*, die Romano Guardini und Karl Neundorfer schon seit 1905 beschäftigte, Romano Guardini dann 1925 zur Gegensatzlehre zusammenfasste, als *Versuche zu einer Philosophie des Lebendig-Kon-kreten* bezeichnete und als *Frage nach der Bedeutung des Be-grifflichen und Lebendigen* ergründete.[35] Das Konkret-Le-bendige bildete sich für Schwarz eher aus dem Gegensatz von *Innerlichkeit und Bezogenheit* als aus dem Gegensatz *Absicht und Spontanität*: Wurde für Absicht Zweck gedacht, für Spontanität unberechnetes Tun, dann reichte dies für ein Be-stimmen von Technik als zweckhaftes Tun nicht aus; denn jede Art von Handeln war absichtsvoll und eine kategorische Ausschließlichkeit konnte nicht erreicht werden. Hingegen bot das Gegensatzpaar *Innerlichkeit und Bezogenheit* auf-schlussreiche Erklärungsmöglichkeiten der gewöhnlichen Aussage ,*Technik sei zweckhaft*'. Geschlossene Innerlichkeit verstand Schwarz als fließende Beziehung von sich durchei-nander und ineinander verwirklichender Bewegung und Ruhe. Diese Wortbedeutung von Zweckhaftigkeit erreichte der normale Sprachgebrauch nicht mehr. Für Schwarz ver-wies sie auf den Einsatz von Werkzeugen, obwohl gerade in dem Satz '*Technik ist zweckhaft*' schon all die Bedeutung verborgen lag, um die es ihm ging; denn Zweckhaftigkeit setzte voraus – und diese Voraussetzung wurde nicht mehr bedacht – dass technische Mittel (Werkzeug als Arbeitsmit-tel, Zweck als zielgerichtete Erfindung und projektierte Handlung) zwei Wirklichkeiten miteinander verbanden, den schaffenden Menschen und das Produkt. Im Werkzeug lag transformierte Lebenskraft, zweckgerichtete und künstliche Verlängerung menschlichen Wirkens. Innerlichkeit verstand

---

[35] Romano Guardini: Der Gegensatz, Versuche zu einer Philosophie des Leben-dig-Konkreten, Potsdam 1925

Schwarz als natürliches Leben, das seinen Schwerpunkt in sich trug und im Gegensatz zum bezogenen Leben stand, das seine Innerlichkeit verließ, einem äußeren Ziel zustrebend zwischen Ziel und Leben einen dünnen Spannungsbogen zog. Innerlichkeit, dieser in sich ruhende genügsame Lebenszustand, verschaffte sich durch das Ausdehnen körperlichen Spannungen in der Bewegung von Bezogenheit auf äußere Beziehungen eine zusätzliche äußere, künstliche Umwelt von Dingen. Welt bauend richtete sich geborenes Leben in der Welt ein. In diesem Vorgang verlor sich natürliches Leben, um sich in verwandelter Form und Weise wiederzugewinnen. Dieser Spannungsbogen von *Innerlichkeit und Bezogenheit* vermittelte nicht nur Leben, sondern war – wie Schwarz meinte – als transformierte, bewegte Innerlichkeit selbst Lebensvorgang. Die von Menschen geschaffenen Dinge erweiterten Lebensformen und veränderten Lebensweisen. Was ursprünglich Mittel gewesen war, das wurde in einem kontinuierlichen Prozess von Vitalisierung selbstständig; es konnte selbstwertig in seiner von Menschen geschaffenen Gegenständlichkeit Anspruch auf Wesen und Ausdruck erheben - vorausgesetzt, Mensch, Werkzeug und Werk bildeten in fest geordneter Bezogenheit ein Wertgefälle. Zeugendes Leben und erzeugtes Werk standen in ihrer transzendenten Bedeutung weit über dem Werkzeug, dessen Zweck sich in seinem Dienst erfüllte, dessen Größe sein Anspruch auf Wert und Schönheit war: *Meißel und Feder bleiben hinter Standbild und Dichtung unendlich zurück*, meinte Schwarz; im menschlichen Tun, auch ‚Handwerk‘ genannt, gab Lebenskraft sich auf, setzte sich ins Werk, vollendete sich in höherer Form, gewann sich neu; in ihren Werken erkannten Menschen sich wieder, feierten und würdigten sich. In diesem Zusammenhang nannte Schwarz das Beispiel vom Hausbau. Ein Haus war nur bedingt Kunst, vorrangig diente es Zwecken und blieb letztlich ein Werkzeug des Menschen. In ihm wurde Leben zum Monument, es ging in einen Zustand der Endgültigkeit über; denn – gelang das Bauwerk – dann verewigte sich in ihm Großes in würdiger Form. Es wurde zum Symbol mit künstlerischem Anspruch und Wert. Das Maß, in dem sich im natürlichen Leben Zweck und Sinn zur Ganzheit einer neuen Wirklichkeit verwoben, entschied, ob Bauwerke ein Monument (Innerlichkeit als in sich ruhender selbstbezogener Zustand), das Werkzeug einer nach außen gerichteter Bezogenheit oder beides in Harmonie darstellten. Blieb das Werkzeug reines Mittel und trug am Sinn des Bauwerks nicht mit, dann sammelte sich künstlerische Absicht auf der monumentalen Seite (Thema der Fassade); im umgekehrten Falle wurde das Werkzeug selbst Sinnträger und Symbol eines beziehungsreichen, nach außen gerichteten Leben, verwirklichte sich das Werkhafte seiner Gestalt in der inneren Ordnung der Räume, die zum Ausdruck und Aufbau der äußeren Sinnform entscheidend beitrug, schrieb Schwarz treffend und aus *Innerlichkeit und Bezogenheit* fand der Mensch sein Maß im Ebenbild, erfand Mittel, seine Kraft zu mehren, zunächst Werkzeuge, die er mit eigenen Kräften einsetzte, dann Geräte, auf die er die Kräfte der Natur lenkte und schließlich Maschinen, die er aus und mit den Kräften der Natur betrieb, um seine Leistung zu erhöhen. Die Kraft eines Menschen und seiner Maschine entstand aus einer gesteigerten Spannung (Konzentration gerichteter Zweckhaftigkeit). Ihr Druck löste einen Vorgang (Automobilus) aus und kehrte in sich zurück (Prinzip Fahrrad, Dampfmaschine). Ein Körper setzte sich zielgerichtet frei, kehrte als gehaltene und gleichzeitig freigesetzte Bewegung in sich selbst zurück und bildete aus dieser inneren Beanspruchung räumliche Form. Das galt für die Gliedmaßen (Wirkformen) der Lebewesen wie für die Maschinen, deren technische Gliedwerke die menschliche Kraft in selbst gesetzte Bewegung übertrugen, freisetzten, steigerten und ersetzten bis hin zum Roboter, dem nachgebauten *Zweckmenschen*.

Jedes Gerät war ein Massenprodukte in Serie. Im Unterschied zu den herkömmlichen Werkzeugen gehörten Maschinen nirgendswo hin, sie standen und lagen überall herum ganz gleich wo, wie und warum. Sie verstellten die herkömmliche Lebenswelt. Unanschaulich und chaotisch waren Nähe und Ferne sich zum Verwechseln ähnlich, austauschbar. Maschinen waren mehr Erzeugnis (Produkt) als Werkzeug (Produktionsmittel). Mit ihrer dominierenden Bezogenheit ermangelte es ihnen an zweckhafter Innerlichkeit und waren um vieles vergänglicher als traditionelle Zweckformen. Zur Endgültigkeit waren sie nicht berufen, sie standen für eine Zeit und beherrschten diese unter Umständen despotisch. Aber, es blieb von ihnen nicht viel mehr übrig als vielleicht eine leise Erinnerung, ungleich weniger als von mittelalterlichen Burgen oder den ägyptischen Pyramiden.

So blieb es Schwarz für sein 'Technik'-Verständnis wesentlich, zwischen Produkt (Erzeugnis) und Produktion (Produktfertigung) zu unterscheiden. Das reine Zweckdenken stellte mit Hilfe technischer Mittel und Verfahren nur technische Endprodukte her, es blieb den Erfindern und Monteuren überlassen. Ganz im Unterschied zum Handwerk, das Aufträge ausführte, wurde ihnen ein genormtes, reproduzierendes Nachvollziehen technischer Zweckhaftigkeit abverlangt. Der Begriff ‚Technik' umfasste dann die technischen Produktionsweisen - das, was technische Methode auszeichnete. Wurde der Begriff auf die Zweckform des Endproduktes übertragen, auf das Ding, was ‚Technik' zeigte, dann hieß das Ergebnis, weniger die Methode, ‚Technik'. Sie verlieh denjenigen Gewalt und Größe, die sie vorführten, bewunderten und bedienten: den Verbrauchern. Im Wechsel von Angebot und Nachfrage perfektionierte sich technisches Zweckdenken. Der Technikwahn mit seiner Faszination für die neusten Produkte der Designer und für das, was technische Form zeigte, forderte Superlativen und diese Verführung wurde mächtiger als das Mitverantworten technischer Methoden. Dieses Missverhältnis führte in die irrationale Gewalt technoider Weltanschauung, die den Menschen vorgaukelten, die Natur beherrschen zu können. Dieser hatten sie sich entfremdet, jedoch letztlich selbst Teil der Natur, fühlten die Menschen sich ihr mehr ausgeliefert denn jemals zuvor und blieben ihr größter natürlicher Feind, weil sie sich mit Hilfe von ‚Technik' der Natur und ihrer selbst enthoben.

Über das zweite Vorurteil, die vermeintliche Berechenbarkeit der ‚Technik', ging es Rudolf Schwarz im nächsten Abschnitt und stellte er Überlegungen über eine noch zu begründende Werklehre vor, die er mit Vorschlägen *Über die Verfassung einer Werkschule* abschloss. Für ihn gründeten das

Berechnen und Zweckdenken in der konstruierenden Vernunft des Menschen, in seiner Fähigkeit neue Dinge mit Hilfe von Kalkulation zu ordnen und zu planen. Planen im Bereich der Technik hatte für ihn den Auftrag, durch ein messbares Quantifizieren von Material und Zweck die unabsehbaren Folgen menschlichen Handelns zu erfassen und zu beschränken. ‚Technik' konnte in diesem Zusammenhang auch als angewandte Naturwissenschaft ausgeübt werden, als Nachahmung leblos-stofflicher Natur im vereinfachten Symbol. Mit diesem Technikbegriff war Rudolf Schwarz nicht einverstanden; denn sie verdrängte Intuition, Einfall, Ganzheit und Inhalt durch das Beschränken auf berechenbare Funktionen ganz aus dem Bereich technischer Verfahren. Im Gegensatz dazu verstand Schwarz ‚Technik' als Urproduktion von Welt, die bisher noch nicht bestanden hatte, aus technischen Mitteln entstand und als zweite, überhobene Natur erschien. Jedoch Anspruch und Auftrag ihrer Berechenbarkeit schlossen für ihn die rein natürlichen und geistigen Sphären durch das Programmieren des Planens von der technischen Produktion aus, weil nur eine begrenzte Auswahl geistiger und natürlicher Substanz in Form von bestimmten Ideen und Materialien in die Produktion gelangte, eine Vielzahl möglicher anderer Kombinationen ausgesondert, durch ‚Technik' menschliche Existenz und Freiheit einschneidend beschränkt wurden. Solche ‚Technik' wirkte natur- und geistabgewandt, gab maßvolle Bindungen, anmutige Natürlichkeit und wahrhaftige Geistigkeit auf – wie Schwarz befürchtete - und meinte sie doch *Leib*; denn Geist und Natur waren lebendige Qualitäten, die sich auf eine dem Menschen unbewusste Weise durch ihn ins Werk setzten. Dieser Vorgang aber entzog sich letzter Erkenntnis; denn der schaffende Mensch ging ganz in seinem Werk auf, das er nicht gleichzeitig mit allen seinen möglichen Konsequenzen bedenken und lenken konnte. Diesen Gedanken nannte Schwarz später *das Un-Planbare* [36]: Produktion ließ sich nicht bis ins letzte berechnen und stand in Gefahr, unbesonnen und planlos zu wirken. Zugleich ermöglichte sie die wahre Erneuerung technischer Verfahren; denn der Zufall guter Einfälle blieb unbenommen, trotzdem ‚Technik‘, die eine Tendenz zur Verselbständigung und zum Selbstzweck besaß, der wahrhaftigen Leitung bedurfte. Das vermochte die Erkenntnis in rückläufig reflektierender Bewegung nicht zu leisten. Sie konnte fortschreitende Verfahren nicht lenken, ging mit dieser nicht Hand in Hand, sondern hinderte, meinte Schwarz, und Planen sollte mitwirkendes Erfinden sein. Planung, die durch Erkenntnis beeinflussen wollte, war für ihn immer zum Scheitern verurteilt, weil sie an ihren Erfolg glaubte. Sie hätte umgekehrt verfahren, den Sinn ihres Tuns vom Scheitern aus bedenken müssen, das vermochte sie auch nicht, weil sie nicht erkennen konnte, wo und wann sie scheiterte. Wäre im Plan jedoch das *Un-Planbare* mitgedacht worden, dann hätte Hoffnung bestanden und diese gründete für ihn auf einer Lehre zum Tun, die – meinte Schwarz - nicht einmal in Andeutungen vorhanden war. Eine Werklehre hatte seinen Vorstellungen entsprechend drei Teile zu umfassen:

- Wissen vermitteln, um den Schaffenden und damit sein Werk besonnen zu machen

---

[36] Rudolf Schwarz, Das Un-Planbare; Baukunst und Werkform, Nr.1, Heidelberg 1947, 80-89; Die Bebauung der Erde, Heidelberg 1949, 225 - 244

- Regeln enthalten, die das Werk zuversichtlich machen und sein Gelingen als Dienst verstehen
- Ein Empfangen vermitteln, das dem Werk Ehrfurcht verleiht.

Welche Folgerungen zog Schwarz aus seinem Denken über ‚Technik' für sein Schaffen? Er vertrat im Unterschied zu vielen namhaften Architekten, keine Ingenieurbaukunst. Er übertrug den vermeintlichen Nutzen der ‚Technik' und ihrer Entwicklung nicht auf die Architektur. Er forderte nicht eine Industrialisierung des Bauens, entwickelte kein Fertigteilprogramm, stellte keinen ein- oder fünf Jahresplan auf, entwarf weder Wohnmaschinen noch Hochhäuser, rief nicht dazu auf, den letzten Stand der Technik in das Bauen zu überführen. Vor all diesen Irrwegen hat ihn sein Nachdenken über ‚Technik' bewahrt, und diejenigen, die sich euphorisch verirrten, hatten für ihn zu wenig nachgedacht.

Rudolf Schwarz erklärte ‚Technik' aus der alten Bedeutung des griechischen Wortes *téchne*, das ganz allgemein die Kunst des Menschen, ein Werk zu erstellen, sein Wissen und Können hieß. Dieses umfassende Verständnis und Vermögen gingen im Zuge der Industrialisierung verloren. Sie umfasste die Erde, Meere und Kontinente, Geist und Natur, Streben und Schaffen, Entwickeln und Entdecken, Materialien und Rohstoffe, alles wurde auf maschinell-mechanische Produktionsweisen ausgerichtet, ihr unterworfen, ausgebeutet und aufgelöst. Die *téchne* wurde von Technokraten aufgegeben, das Leben von Bürokraten verwaltet, die Baukunst verlernt, Dach und Mauern Platten, ein Fenster eine Glaswand, eine Tür zum Loch, ein Haus zum Container, eine Küche zur

Mikrowelle. Ein Neues Bauen gab es für Rudolf Schwarz nicht und er wiederholte es 1959 in seinem Vortrag ‚Der Architekt‘: *Es gibt keine neue Architektur. Was heute getan wird, haben Architekten schon immer getan, aber es ist zu erörtern, ob diese Art des Tuns einmal nicht mehr da sein wird, nicht, ob sie sich je ändern wird – es gibt hier nichts zu ändern.*

Er selbst bezog eine Position der Kargheit, verwies die Baukunst in die ernüchternden Schranken des Verzichts auf Geltung und Ausdruck, forderte enthaltsame Bescheidenheit. Armut nicht Dürftigkeit konnte ihr entwachsen und höchsten Adel, letzten Reichtum bedeuten, meinte Schwarz. Die Verlängerung technischer Fähigkeiten und Interessen hatte sich von der Architektur auf andere Herstellungsbereiche verlagert. Für Schwarz war *die Armut zur Schicksalsfrage der Baukunst geworden; die Architektur wurde elementar, und dabei entsteht dann die Frage, ob diese neue Armut als nackteste Dürftigkeit des Rationalismus und seiner Fabriken oder als höchste Weltverdichtung gerät. Um diese Frage west das Geheimnis der Gestalt. (...) Eine Kugel kann ein Achslager sein oder Weltall, und ist beidemal eine ganz genaue Kugel. Der Würfel kann ein Bunker sein oder der Kosmos, den man der Gottheit darreicht. (...) Die reine Beschreibung besagt und ergibt nichts, als dass eine Kugel oder ein Würfel vorliegt. Beschreibend kann man nicht sagen, wessen Geistes diese Gestalt ist. Ob ein Bauwerk zu diesem oder jenem geriet, erkennt man nur durch den geheimnisvollen Akt der Innewerdung, es muss sich offenbaren von Wesen zu Wesen.*

Den Stellenwert der ‚Architektur' schätzte Schwarz zeitgemäß ein und wies ihr eine realistische Position zu. Unzeitgemäß war die Konsequenz, die er voller Nüchternheit für sein Schaffen als Baumeister zog: Baukunst war immer auf eine elementare, verhaltene Innerlichkeit begrenzt und ‚Architektur' sollte ganz auf Bezogenheit verzichten; denn diese äußeren Bereiche wurden von anderen Mächten regiert, der allmächtigen Wirtschaft und ihren Produktionsstätten. In diesem Verflachen architektonischer Ansprüche verfielen auch die Aufgaben des Architekten und der Auftrag von Architektur: Ausdruck höchster Existenzweisen zu sein - elementar geworden, hätte ihre scheinbare Armut den Adel höchster Bedeutung zurückgewinnen können: die Baukunst. Ganz auf sich gestellt und bezogen, hätte Baukunst zur reinen Gestalt zurückkehren können, so hoffte Rudolf Schwarz, und doch lag in aller Hoffnung die Gefahr letzten Scheiterns. Das bereitete ihm Sorgen und erfüllte ihn mit Mitleid, für ihn die höchste Tugend und Grundlage von Mäßigung, wichtiger als jede Kühnheit.

Ausdruck der Sorge ist sein Vortrag 'Vom Widerstand gegen die Gewalt', 1927 auf der Burg Rothenfels. Dort sprach Schwarz: Es gibt nicht nur die brutale 'Gewalt' und es gibt auch nicht nur die 'Seele', es gibt auch den 'Geist'. (...) Und mir scheint, dass gerade dieses Geistige in einer ganz tiefen Korrespondenz zur Natur steht (...) in ihm findet tote Natur ihren würdigen Gegner. In dieser Auseinandersetzung des Obersten und Untersten entstanden Werke wie die Pyramide oder der gotische Dom, kalt, hart, rechnerisch und doch wohl das Geistigste, was je geschaffen wurde. – Im Angesichts

Gottes gibt es wohl auch den neuen Gewalten gegenüber ein Letztes: 'Fürchtet euch nicht'. – Das verlangt, dass wir frei werden; dass wir fähig sind, jeden Augenblick in der Zeit und über der Zeit und jenseits der Zeit zu stehen. Das verlangt ein Bewusstsein, das auch heute sprechen kann: Ich bin der Herr. Das verlangt, dass wir uns binden in einer unbedingten Freiheit.[37] Im Maschinenmanuskript *'Menschlichkeit'* aus dem Jahre 1951 lautete es ähnlich: *(...) wir sind die Herren unserer Werke, und daß wir es absolut sind, unumschränkt, das ist unsere Verantwortung. (...) Es mag sein, daß uns unsere Vorstellungen über die Maschinenwelt zu einer bestimmten Ausübung unserer Herrschaft über sie (...) veranlassen (...), die Maschinen selbst, die wir uns geschaffen haben, tun das jedenfalls nicht.*[38] Diesem Gedanken schickte Schwarz voraus, dass die Werke des Menschen nicht leben, nicht handeln und im Vergleich zu den Geschöpfen nicht wirklich sind; sie haben das Leben zu erleichtern, sie sollen Gutes bewirken, einem guten Zweck dienen, Sinn machen und Bedeutung haben. Der Mensch, schloss Schwarz im letzten Satz, ist nicht *der Sklave als der er sich wähnt*, nicht Sklave der Maschine ist er, höchstens Sklave seiner maschinellen Denkweisen, die diese Obsessionen von Sachlichkeit und Sachzwängen verursachen und ihn zur Sache erniedrigen.

Das Ereignis ‚Technik' nannte Rudolf Schwarz in seinem Aufsatz *Vom Sterben der Anmut* eine vielleicht unmögliche,

---

[37] Rudolf Schwarz, Vom Widerstand gegen die Gewalt, in: Rudolf Schwarz (Hrsg: Manfred Sundermann...), Düsseldorf/Bonn 1981, 99-103

die ewige Möglichkeit von Architektur in Frage stellende, neue Stilsprache. Was meinte, je weniger eine falsch verstandene Technik eingesetzt worden wäre, umso mehr hätte wieder das zutage treten können, was einst Baukunst hieß; denn:

Anspruch und Auftrag der Architektur, meinte Schwarz, *stehen quer zu dem, was sich heute ins Werk setzen will. Sie ist der absolute Feind jeder Produktionsweise, die mit geschlossenen Verfahren geschlossene Welt schaffen will (...) Was die Architektur will und soll, ist, die Welt menschengesichtig zu machen. Das ist ihr uralter Auftrag, dafür steht sie und um seinetwillen ist sie heute hart bekämpft.*

.

Antworten

Jeder Gegenstand ist ein das Denken und Selbstverständnis herausfordernde Frage, die ein Rätsel bleibt. Vorschnelle Antworten ‚falscher Propheten' zielen daneben, der Mensch sieht sich in Not. Ihr Maß ist geistiger Natur, ein Unbehagen an einem irdischen Leben, das nicht mehr menschenwürdig erscheint. Verloren zwischen steilen, kalten, urbanen Agglomerationen und geodätischen Landschaften, den eisigen Winden einer maßlosen Unbarmherzigkeit ausgesetzt, taumeln die Sorgen des Menschen ins Leere. Nichts scheint mehr zu antworten. Wie in die gepflegten Forste einsilbiger Monokulturen hineingerufen, hallt es zurück: selbst die Stille wird zunehmend stumm, zerbröselt im gleichgeschalteten Echo perfekt verwalteter Bezirke.

Es gibt keine alten Fragen, durch alle Zeiten hindurch tönen und drängen sie in den Brennpunkt der Ereignisse. Die verdrängten Fragen der Baukunst holten Rudolf Schwarz und Emil Steffann aus ihren Verstecken und stellten sie auf eine leere Bühne, auf der Menschen wieder agieren, ohne sich in die Schatztruhen alter Geschichten zu zwängen oder mit vorgefertigten Gedanken zu hantieren. Architektur bedeutete für jeden auf seine Weise die geistige Voraussetzung für das Erbauen von Welt.

Das Thema dieses Symposiums ist mit den Worten 'Über die Rückführung der Architektur auf die Philosophie' benannt. Das hat mehrere Gründe. Ein wichtiger Grund ist, dass

Philosophie nicht gesicherte Weisheit verbürgt, vielmehr die als verloren geltende Weisheit mit Hilfe der Liebe zur Weisheit sucht und zurückgewinnen möchte. Gleiches lässt sich von der Architektur sagen, die auf schwesterliche Weise mit der Philosophie verbunden ist: sie ist nicht verbürgtes Pfand, verbrieftes Know-how von Wissenschaft und Technik. Es ist durchaus nicht vermessen festzustellen, dass die Lehre von der Architektur als ein verloren gegangenes Gut anzusehen ist, das heute nur noch durch die Liebe zur Architektur wiederentdeckt werden kann. Vielen gilt die Philosophie als ein Skandal, weil sie nach mehr als zweitausend Jahren keine abgesicherten Erkenntnisse hervorgebracht hat, weil sie weder Daten noch bewiesene Fakten liefert. Der Skandal der Philosophie bleibt der Skandal der Architektur: wie die ersten Sätze des Heraklit, sind ‚Holz und Stein' ihr Vermächtnis.

Neun Thesen erläutern das Thema. Die erste These ist die grundlegende Ursache der weiteren acht Aussagen. Die acht nachgetragenen Aussagen bauen auf der ersteren auf, dienen ihr differenzierend zu und stützen ihre Aussage und Bedeutung. Das Ganzes bildet ein offenes, in sich festes Gedankengefüge aus Lehrsätzen eines erneuerten Architekturverständnisses, das auf dem zwischen den Zeiten vermittelnde Denken von Rudolf Schwarz und Emil Steffann gründet. Der Grundgedanke der ersten Aussage lautet:

Architektur kann der sichtbare Ausdruck einer sinnerfüllten, lebendigen Wirklichkeit sein, die eine höhere, geistige Ordnung erahnen lässt und frei von den sich ständig wandelnden Vorstellungen ihrer Programme und Produktionsweisen als ‚erste Architektur' im Vorwirklichen gründend allen Erscheinungen von Architektur vorausliegt; denn ‚Architektur‘ kann etwas sein, ist nicht dieses oder jenes. Mit ihr ereignet sich etwas in sich Bestimmtes. Sie eröffnet Möglichkeiten. Sie bietet Wirklichkeiten. Sie weist Mittel und Wege zu. ‘Können‘ heißt in diesem Zusammenhang auch, bestimmte Voraussetzungen vorzufinden, zu erfüllen und zu schaffen. Etwas zu können bedeutet, dieses ganz Bestimmte von anderen Wegen und Mitteln zu unterscheiden. ‚Kann etwas sein‘ will auch sagen, dass es im Entstehen begriffen ist, dass es wird, und richtet den Blick auf etwas Kommendes.

Jedes Bauwerk steht trotz aller Architekturtheorie, guter Vorsätze und Pläne allein in der Verantwortung derjenigen, die bauen lassen und zu bauen haben. Theorie und Praxis sind die Kehrseiten des Bauwesens, nur Hälften einer Wahrheit mit einem Restanspruch von Architektur als sichtbarer Ausdruck sinnerfüllter, lebendiger Wirklichkeit. Wie im Nebensatz erläutert, wird sie als ein Erahnen einer höheren Ordnung verstanden: Wirkliches Erleben, Schauen, Hören, Fühlen führen in eine höhere, diesen Wirkungen nicht unterworfene oder ausgelieferte Ordnung, die geistiger nicht sinnenfälliger Natur ist. Zum Beispiel ist der Verstand dieser geistigen Ordnung zugehörig. Da der Verstand über den Dingen oder mit den Dingen wirkt, sie entweder begleitet oder verlässt, sich diesem oder jenem Ereignis und Sachverhalt zuwendet, nimmt er teil an dieser höheren, geistigen Ordnung, die unabhängig von den sich ständig wandelnden Vorgaben von Programmen und Produktionsweisen besteht, und vermag, sie unter günstigen Umständen zu leiten. Den Begriff ‚Architektur‘ erläutert der diese erste These abschließende Kausalsatz:

‚Architektur' gründet über den sichtbaren Bestand von Wirklichkeit hinaus im Vorwirklichen, im Geistigen, nicht im Sinnenfälligen und liegt darum als eine ‘erste‘ Architektur allen äußeren, sichtbaren und geschichtlichen Erscheinungen von Architektur voraus. Wesen und Wesensform von Architektur sind ein Unterschied. Nicht das Bauwerk ist aus sich heraus schon ‘Architektur‘, sondern wird es erst im Maße der Erfahrung und Imagination geistiger Zusammenhänge und Bedeutungen, die es zu vermitteln in der Lage ist.

Eine wahre Idee sollte mit dem ihr gemäßen Gegenstand mehr im Analogon von Botschaft und Zeugnis übereinzustimmen und weniger im Sinne einer verkürzt verstandenen, unwandelbaren, gefesselten Allegorie. Zwei Dinge werden nicht zum selben Ding, sie gleichen und ähneln sich in vielfältiger Einheit. Es wird in den wenigsten Gebäuden ‚Architektur' erfahren und erlebt, weil die Voraussetzungen von Architektur, diese ‘erste Architektur‘ und Weisheit um eine gebaute und erlebte Wirklichkeit, in Vergessenheit gerieten, als stofflicher Zusatz und Dekor von Raumkonstruktionen missverstanden und entwertet wurden. Architektur war schon immer mehr Geist als Stoff gelungener Bauwerke, ihre Baukunst wirkte Sinn, vermittelte sinnenhaft Wirklichkeit und sinnvolle Existenz. Sie war vor aller gebauten Wirklichkeit ein Verständnis für die Gesetzmäßigkeiten einer geistigen Disziplin und Lehre. Sie lebte entweder im Maße geistiger wie sinnlicher Fähigkeiten fort oder zerfiel vom Ungeist bedrängt. Ihre Relikte wurden zum Objekt von Denkmalpflege, ihre ‚Architekturgeschichten' zum schwachen Trost im Vergleich zu den Möglichkeiten einer ‘ersten Architektur‘.

Die zweite These lautet: ‚Architektur' ist aller gebauten Schandtaten zum Trotz Ausdruck innerer Bilder, in ihrem ursprünglichen Sinn ein Bilden im tätigen Nachvollzug geistiger Erkenntnis, eine Projektion, ein Projekt. Aus dem Analogieschluss von Denken und Handeln entsteht erst das sinnerfüllte, anschauliche Bauwerk.

Die folgenden drei Thesen verdeutlichen, dass Neues nur aus Altem hervorging, von dort her Sinn und Gültigkeit erlangte, in der Geschäftigkeit des Alltags das Zeitgemäße nur aus der Beständigkeit des Un-zeitgemäßen Bedeutung erhielt, Un-planbares und Planbares einander bedingten, Ungegenständliches und Gegenständliches einander bewirkten, Unsichtbares im Sichtbaren Ausdruck fand; denn das eine ergänzte sich im anderen, und nichts fand Vollendung ausschließlich nur durch sich selbst. Diese Aussagen klingen wie eine Erneuerung der Lehre vom Gegensatz, dies aber nicht in der Form des dialektischen Widerspruchs, der sich in Synthesen bloßstellt, vielmehr im Ausdruck offen gehaltener Gegensätze, was heißt, die Mitanwesenheit des Gegenteils als verborgene Anwesenheit wahrzunehmen und ihre gegenwendige Einheit darzustellen. Folgende Passage aus der Schrift 'Das Unplanbare' zeigt eine geistige Verwandtschaft im Fluss des Denkens von Rudolf Schwarz und den Fragmenten des Heraklit:

Auch das Unzeitgemäße ist in seiner Art jetzig... das Besondere, was mit dieser Weltzeit gemeint ist, kann allein nicht getan sein, es muss eingetan werden in all das andere Besondere, das still im Unscheinbaren da ist, und sich in ihm ergänzen, und weiter heißt es: '*Daß das Eine gedeihe, braucht es den Beistand des Anderen, wer ein besonderes tun will, muss alles andere mitbesorgen. Zeit haben für das Un-Zeitgemäße, Kraft, sich dem ganz anderen zu widmen; denn das Eine muss aus dem Ganzen hervor wachsen, und also muss dieses Ganze in all seinen Besonderungen und ihrem Anderssein fortgesetzt werden. Das drängende Werk muss getan sein in ständiger Vorsicht und Rücksicht auf alles, das früher einmal drängte und später einmal dringlich sein wird und jetzt beistehen muss.*

Diesen Gedanken der Mitanwesenheit des Abwesenden ging auch Emil Steffann in seinem Essay *Können wir noch Kirchen bauen?* nach. Den Tod achtete Steffann als gültigen Maßstab und gegenwendige Einheit des Lebens, der Menschen und ihrer Werke. Im Unterschied zu den alten Häusern fanden für ihn die modernen Gebäude aus Stahl und Beton ein klägliches, würdeloses Ende; denn nur was auf natürliche Weise schön ist, kann auch vergehen und wieder erscheinen. Im Hässlichen sah Steffann hingegen einen mumifizierten, leblosen Zustand im Dasein:

Ist es nicht aufschlussreich, dass die Römer den Beton erfanden, dass er im Mittelalter nicht angewandt wurde und in Vergessenheit geriet, vor etwa 100 Jahren neu entdeckt wurde und seitdem Schritt für Schritt zu einer Revolution des gesamten Bauens wurde? Soll es ein Zufall sein, dass das Mittelalter seine Kathedralen nicht aus Beton goss, sondern vorzog, sie aus einzelnen Bausteinen zu errichten? Dass die Römer den Beton zuerst anwandten, die Neuzeit ihn mit Eisen verband und diesen eisenarmierten Stoff für ihre Bauten wählte, die einzelnen Steine also nicht mehr beschlug, um sie dann als selbständige Teile des einen dem anderen anzufügen, sondern sie zerkleinert, zermahlt, sie ihrer Eigennatur entkleidet, um sie dann durch Bindemittel und Eisen zu einem in sich starren künstlichen Monolith zu vereinigen? Deutet diese veränderte Bauweise auf geschichtliche Strukturveränderungen in der Menschheit? Sollte sie ihr Abbild sein? Das Abbild einer Menschheit, die nicht mehr ihre Wirtschafts-, Staats – und Gemeinschaftsleben aus natürlichen, selbstständigen Teilen, aus Individuen zusammengefügt, sondern den einzelnen zerstört, um ihn dann mit anderen Teilen zu einem Gebilde umzuformen, in dem er als Eigenwesen nicht mehr erkenntlich ist? Es scheint außer Zweifel, dass hier Vorgänge einen Ausdruck gefunden haben, den allerdings erschreckenden Ausdruck einer Menschheit als Künstliches, eisern verbundenes Massenwesen.

Was ‚Architektur' wird und meint, bleibt offen und eine Frage, die Rudolf Schwarz wie folgt erörtert:

Architektonisches Tun ist hierarchischen Tun, ein Schaffen mit gestuften und immer wirksameren Verfahren an Werken von gestufter Wirklichkeit und Würde, und es schafft stets offene Welt, mit der Perspektive hinauf in höhere, hinab in niedere Welten, ein Wirken am Besonderen mit dem ständigen Hinblick aufs Ganze, das in das Besondere, vielleicht ganz Bescheidene mit eingebracht wird, ihm die Qualität des Lebendigen gibt und ihm auch die Unruhe nach dem Anderen, Höheren mit einbaut und damit den Trieb, sich selbst ins Bessere zu überwinden.

Daraus ließe sich ableiten:

- ‚Architektur' sichert das Wahr-Sein der Dinge, vorausgesetzt sie gründet im anschaulichen Denken
- Da die Dinge sich im Maß ihrer Werte zueinander ins Verhältnis setzen, bilden sie räumlich-zeitliche Rangordnungen der Werte
- Diese Rangordnungen bilden Stufen im Da-Sein, auf denen ein jedes Ding im Maß seiner Wirklichkeit wahr ist
- *‚Technik verheißt Gewalt und Größe', der Mensch aber bleibt an sein Maß gebunden. Was ein Mensch in wörtlichem Sinne begreifen kann, was er mit Auge und Hand wirken kann, das ist sein Maß: sein Handwerk,* wie Emil Steffann das Diktum von Rudolf Schwarz ergänzte
- Dies Maß hat ein Mensch zu verstehen, um es zu vermögen.

Emil Steffann

Ich wünschte, Herr Professor Dr. Rudolf Schwarz, der vor 3 Jahren starb, wäre hier zugegen (...). Er war mein eigentlicher Lehrer, obgleich ich weder bei ihm zur Schule ging, noch je in seinem Büro gearbeitet habe. (...) Wir, er der Lehrer und ich der Schüler haben eigentlich immer miteinander im Dialog gestanden, meist allerdings, ohne miteinander zu sprechen. Ich möchte sagen, wir stehen es noch heute. (...) Schwarz hatte das Glück gehabt, seinerseits in Professor Poelzig seinen Lehrer gefunden zu haben. Dieser besaß (...) die Fähigkeit, die noch verdeckten Begabungen seiner Schüler früh zu erkennen und jedem in seiner Eigenart Mut zu machen. (...) Wie Poelzig aus Schwarz keinen kleinen Poelzig machte, so ist aus mir auch kein kleiner Schwarz geworden, erklärte Emil Steffann 1964 anlässlich der Verleihung der Ehrendoktorwürde durch die Technische Hochschule Darmstadt für ein Denken und Bauen wie es zu seiner Zeit nicht üblich gewesen war.[39] Gewöhnlich wurden Dinge in Einzelteile zerlegt, als Stückwerk zerdeutet, missdeutet, bewertet, abgewertet, aufgewertet, umgewertet, verwertet, vergessen. Sie wurden Attrappen, täuschten Wirklichkeit vor. Missverständnisse ersetzten Verständnis, kommunizierten Un-Sinn, führten in Sackgassen voller Blödsinn. Diese Verluste einer ganz-

---

[39] Manfred Sundermann, Das naheliegende Einfache, Emil Steffann und die Baukunst 1921 – 1968, Norderstedt 2021, 17

heitlichen Sichtweise trafen die Baukunst besonders schwer, ortsgebundene Bautraditionen wurden aufgegeben, weltfremde Utopien und Theorien verbreitet: *Unsere heutigen Umwelten entwickelten sich nach Fahrbahnbreiten und Wendekreisen für Automobile, der Mensch hat mit seinem Maß darin keinen Stellenwert. (...) Natürlich gab es immer so etwas wie Verbundenheit mit der Geschichte des Gebauten, aber hier sind es auch Außenseiter, die den „Anschluß", die Integration mit alter Bausubstanz, erreichten,* stellte Josef Lehmbrock 1980 fest[40] und bezog sich wohl auf Emil Steffann, der sich *in selbstständiger Arbeit auf handwerklichem, auf technischem und künstlerischem Gebiet Kenntnisse* aneignete, den *diese unschulmäßige vielseitige autodidaktische Vorbildung (...) vor spezialisierter Einseitigkeit* bewahrte *und die großen Lebensgebiete seiner Zeit Technik und Kunst in ihrer Besonderheit und in ihrem Zusammengang zu sehen und zu beurteilen* lernte.[41]

Während des letzten Krieges arbeitete Emil Steffann mit seinen Kollegen Rudolf Steinbach und Rudolf Schwarz in Lothringen. Als Ortsarchitekt oblag ihm der Wiederaufbau des bombenzerstörten Dorfes Boust, schrieb er seine *Baufibel für Lothringen* und leitet sie mit grundlegenden Gedanken über das Bauen ein: *Ein umfassendes Bauprogramm, welches das Gesicht unserer Heimat weitgehend bestimmen wird, ist nur mit Hilfe des Einsatzes aller technischen Mittel durch-*

---

[40] Josef Lehmbrock, in: Vittorio Magnago Lampugnani (Hrsg.), Maßstäblichkeit von Architektur und Stadt, Eine Diskussion zwischen Architekten, Stadtplanern, Bauhistorikern und Soziologen, Marburg 1980, 22, 23/24
[39] (39) 11

führbar. Die Behebung einer so gewaltigen Wohnungsnot zwingt zur maschinellen Herstellung der Bauteile, zur Normierung der Grundrisse, zur Rationalisierung. Diesem Vorgang entspricht eine Wandlung des Lebens; denn Bauen ist nichts anderes als ein sichtbares Nachvollziehen von Entscheidungen, die im Leben fallen.

Als unsere Vorfahren sich vor etwa 100 Jahren zuerst einem mechanischen Fortbewegungswerkzeug, der Eisenbahn, anvertrauten, da erinnerten die Wagen an eine Reihe hintereinander gehängter Equipagen. Ihre Insassen wollten die Furcht vergessen! Denn es schien ihnen unvorstellbar, daß kein Kutscher auf dem Bock des Gefährtes saß und sie sich auf ganz neuartige, unheimliche Weise fortbewegten. Diese Furcht unserer Vorväter war nicht unbegründet, vertrauten sie sich doch als erste einem mechanischen Gefährt an, welches die ganze Menschheit in ungeahnte Fernen tragen sollte und aus dem es kein Aussteigen gab.

Die Technik hat seit damals Fortschritte gemacht und mit der Zeit fast alle Gebiete unseres Lebens erfaßt. Wir wollen uns nicht verhehlen, daß auch wir Menschen von heute uns noch fürchten, den letzten und nächsten Teil unseres Selbst, unser eigenes Haus, mechanischer Massenherstellung anzuvertrauen.

Die Welt der Technik und des technischen Bauens hat ihr eigenes Gesicht. Zwar läßt es sich verdecken. Nicht nur unsere Vorväter versuchten dies, sondern auch wir kennen Eisenbahnbrücken mit Renaissanceornamentik und Gußbetongroßsiedlungen in heimeligem Biedermeierstil. Aber solche tarnenden Verkleidungen haften nicht. Die technische Form stößt handwerklichen Zierrat von sich ab. Eins will das andere nicht, will keine Ehe mit ihm eingehen. Diese vergeblichen Versuche, die von damals wie die von heute, zeigen, daß der Mensch sich scheut, die Technik so zu nehmen, wie sie ist, ihr ohne Verkleidung ins Gesicht zu sehen. Verfechter einer durchgreifenden vollständigen Rationalisierung des gesamten Bauwesens sind versucht, Bemühungen handwerklichen bodenständigen Bauens nicht ganz ernst zu nehmen. Sie sehen darin eine Ausflucht vor den Forderungen unserer Zeit. Beobachtet man den Verfall alten, bodenständigen Handwerks und sieht man, wie mehr und mehr an die Stelle des Handwerkers der Monteur rückt, so scheint die fortschreitende Entwicklung von Handwerk zur Maschine bestätigt. Eine Baufibel, welche diese entscheidende Wandlung nicht beachtet, setzt sich der Gefahr aus, als ein etwas abseitiges Büchlein musealer Liebhaberei gewertet zu werden. Das würde uns leidtun; denn unsere Absicht ist es nicht. Zwar sind wir uns bewußt, daß die Technik weitgehend das Gesicht der Landschaft bestimmen wird, aber wir glauben nicht an die allumfassende Rationalisierung aus dem einfachen Grunde, weil dem Menschen mit ihr nicht gedient ist. 'Die Technik verheißt Gewalt und Größe, der Mensch aber ist an ein Maß gebunden', beginnt Rudolf Schwarz sein Buch von der 'Wegweisng der Technik'. Was ein Mensch in wörtlichem Sinne begreifen, was er mit Auge und Hand wirken kann, das ist sein Maß: sein Handwerk.[42] Steffann, die *Wegweisung der Technik* zitierend, wandte sich der Baukunst zu, von ‚Architektur'

---

[42]Emil Steffann, Einleitung zur „Baufibel für Lothringen", 1943; in: Bauwelt 19/1979, 781

ab. Schauen, Begreifen und Bemessen erfassten die Schwierigkeiten des Lebens, Auge, Hand und Maß lösten die Aufgaben des Bauens im Handwerk. Boust wurde für Steffann zum Schlüsselerlebnis, der Wiederaufbau dieses lothringischen Dorfes ließ ihn die *Wegweisung der Technik* hautnah erfahren. Sie bewahrheitete sich, prägte ihn als Baumeister, seinen weiteren Lebensweg, sein Lebenswerk und aus ihr schöpfte er bis zuletzt. Schrieb Steffann über ‚Steine‘, dann erschien das Ding im Wort. Seine Worte erweckten Bilder. Er nahm ein Wort in den Mund wie einen Stein in seine Hand. Seine Worte fügten sich zu Sätzen wie seine Steine lebendige Mauern. Die Logik der Steine entsprang der Logik seiner Worte. Sein Sprechen war ein Bauen, sein Schreiben ein Zeichnen. Worte bezeichneten für Steffann die einem Ding innewohnende Wahrheit. Diese war unzeitgemäß. Hingegen galt ihm das formale, zeitgebundene Deuten ihrer Wirklichkeit als zeitgemäß. Mit Worten und Skizzen setzte er die Materie in Wert, seine Gedanken achteten die Dinge, seine Entwürfe entfalteten Gegebenheiten. In der Wahrheit der Worte lag die Wahrheit der Steine, ihre Sätze fügten Mauern. Diese unverfälschte Wirklichkeit einer Wahrheit wurde seine Baukunst. Für ihn baute der Mensch, die Maschine nicht; denn das Bauen war immer industriell. Für wen Handwerk schön, unwirtschaftlich, unzeitgemäß und Industrie hässlich, wirtschaftlich, zeitgemäß war, der irrte. Diesen hysterisch wie dogmatisch hochgespielten Widerspruch gab es für Steffann nicht. Ein „So muss es aussehen!“ war für ihn lediglich ein schnöder Anspruch einer Luxusindustrie und Konsumästhetik, ihre Produkte und Waren falsche Antworten auf die drängenden Fragen ‚Was ist die Aufgabe, was steht an und ist zu tun?' Für Steffann bildeten diese Fragen die Grundlagen seiner Baukunst.

Baumeister standen nicht vor der Schwierigkeit, eine Unmenge fachfremder Regeln einhalten und aus einer Vielzahl von Möglichkeiten auswählen zu müssen. Aus ihnen wurden Architekten, Projektentwickler und Arrangeure, die Architekturzeitschriften durchblätterten und ihre Architekturtheorien im Widerspruch zum gegenständlichen, anonymen Bauen in Szene setzten. Bauherr und Architekt feierten sich und mit großem Imponiergehabe den Machtanspruch des Establishments in Gesellschafts- und Fachkreisen. All dem stand Steffann fern; denn:

Es gab große Zeiten, in denen die Künste blühten, die Menschen aber, welche die großen Werke erschufen, ganz klein geschrieben wurden, ja anonym blieben. Wir sprechen in Hinblick auf ein geschlossenes, abgerundetes Werk heute anerkennend von einer geschlossenen Persönlichkeit. Es gibt aber zu denken, daß das Wort 'Person' von dem lateinischen 'personare' kommt und wörtlich 'hindurchtönen' heißt.

Nicht die Geschlossenheit, die Durchlässigkeit, also das Gegenteil dessen, was der übliche Sprachgebrauch heute unter Person versteht, ist der ursprüngliche und eigentliche Sinn des Wortes. Person existiert nur in der Transparenz. Der Mensch ist tatsächlich nur insoweit Person, wie der Geist ihn durchdringt, durch ihn hindurchtönt. Der Geist macht ihn zur Person.[43]

---

[43] (39) 21

Diese Gedanken und Bauten hatten wenig gemeinsam mit den Zielen der Arts and Crafts Bewegung John Ruskins, des Werkbundes um Muthesius, des Neuen Bauens Hugo Härings oder der Neuen Architektur Le Corbusiers, schon eher mit den Selbsthilfeprojekten von Walter Segal, den kritischen Überlegungen E. F. Schumachers und Ivan Illichs, ging es doch Steffann um das Not-Wendende. Als die Energiekrise Anfang der 1970ziger Jahre die technoiden Gesellschaften lähmte, schrieb Illich: *Es gibt zwei Wege zur Erreichung der technologischen Reife: der eine ist die Befreiung vom Überfluß; der andere die Befreiung vom Wunschtraum des Fortschritts. Beide Wege führen zu demselben Ziel: der sozialen Rekonstruktion des Raumes, die jedem einzelnen die immer wieder neue Erfahrung vermittelt, daß dort, wo er steht, geht und lebt, der Mittelpunkt der Welt ist.*[44] In seiner Baubeschreibung zum Wiederaufbau des zerstörten Franziskanerklosters in Köln meinte Steffann verwandtes, wenn er feststellte: *Es gilt also, die ganz unzeitgemäße Aufgabe zu erfüllen, auf den Trümmerstätten und Schutthalden unserer Zeit von den Menschen verworfene und verachtete Kostbarkeiten für den Bau von Kirche und Kloster aufzulesen, den fortzuschaffen den angestrengtesten Bemühungen bisher noch nicht oder nur zum Teil gelang. Die Zeit wird vielleicht wenig Verständnis für unsere Aufgabe aufbringen. Denn sie läßt sich noch blenden von einem würdelosen Katastrophenluxus, rüstet sich aber zu dem weltweiten Versuch, mit den ihr in die Hand gegebenen technischen Mitteln alle sich in den Weg*

---

[44] Ivan Illich, Die sogenannte Energiekrise oder die Lähmung der Gesellschaft, RoRoRo Band 1763, 1974

stellenden Feinde zu schlagen, um dann in einer allbeherr-
schenden Großorganisation mit Hilfe der Technik die Armut
als Übel an sich durch eine gerechte soziale Weltordnung ein
für allemal und endgültig abzuschaffen.[45]

Das Elend in den armen Ländern dieser Welt nahm nicht
ab, erschreckte, mahnte und die reichen Länder vergrößerten
das Elend von Tag zu Tag mit ihrem *Katastrophenluxus*, den
sie dorthin exportierten. Vielleicht glichen Armut und Not
der ‚Dritten Welt' den Lebensumständen im bombenzerstörten, zerrütteten Nachkriegseuropa. Im Sinne des 1973 von E.
F. Schumacher geprägten Begriffes der *intermediate techno-
logy*, einer dem Menschen und seinen Lebensumständen unmittelbar angemessenes und angepasstes Anwenden technischer Hilfsmittel, arbeitete Steffann schon 30 Jahre zuvor in
Lothringen an der Entwicklung bautechnischer, konstruktiver
Patente. Seine Absicht war es, durch den geringst möglichen
Arbeits- und Materialaufwand die unmittelbare Not der Menschen zu lindern. Das erforderte viel Sinn und Verständnis für
das Wesentliche technischer Hilfsmittel, nur so blieb für Steffann eine Ökonomie der Mittel gewahrt. Aber was dem Menschen auf einfache Weise half, das diente nicht der Expansion
politischer Systeme, die mit ihren technischen, wirtschaftlichen Wachstumsbedürfen ihre Vormacht sicherten, die haut-
nahe, unmittelbare Erfahrung des Not-Wendenden nicht be-
achteten, Armut in Elend verwandelten und mit importiertem
Wohlstand ersetzten. Der Anspruch auf Wohlstand verfes-
tigte auf gefährliche Weise die Technikhörigkeit, versklavte

---

[45] (39) 216 - 226

die Menschen und machte sie blind für ihre wesentlichen Lebensbedürfnissen. Nach Kriegsende leitete Emil Steffann für kurze Zeit das Siedlungswerk der Erzdiözese Köln und erarbeitete grundlegende Vorschläge für die Planungen mehrerer Siedlungen im Gebiet um Köln. Unter der Überschrift *Bestand als Aufgabe!* schrieb er: *Das allbekannte Schema eines heutigen Siedlerhauses ist starr, da es dem sich fortentwickelnden Leben, welches wir nicht festlegen können und dürfen, durch Raumerweiterungen, Stall-, Schuppen-, Werkstatt-, Garagenbauten usw. fast keinen Spielraum läßt. Das alte rheinische Siedlerhaus war nicht starr, sondern dem Leben angepasst. Es ließ sich, da einraumtief, beliebig erweitern, ohne Fensterwände zuzubauen. So entstand aus einem sich stets ähnlich bleibenden 1 1/2 oder 2-geschossigen, schmalen, einraumtiefen Hauskern mit der Zeit das 'Fränkische Gehöft', ein atriumartiger, in sich geschlossener, zwar sehr bescheidener, aber darum umso zeitgemäßerer Wohn- und Wirtschaftsraum der Familie.* Diese Überlegungen ließ Steffann fragen: *Sollte die in Jahrhunderten erprobte Wirtschaftsökonomie des bescheidenen rheinischen Winzerhauses, des 'Fränkischen Gehöfts', nicht ein Hinweis für unseren heutigen Siedlungsbau sein? 'Vielfalt in der Einheit' könnte man diese altbewährte Bauweise nennen, die sich in unzähligen Variationen darbietet.* Und das erklärte, was Steffann mit dem an anderer Stelle zitierten *Verlust des eigenen Hauses* meinte: den Verlust selbstbestimmten, selbstverantworteten Lebens, den durch die vorrangigen Ziele der Nationalökonomie und die Mechanismen weltweiter Märkte erzwungenen Verzicht auf die menschliche Hauswirtschaft, auf die Oeconomia. Selbstversorgung setzte eine freiheitliche, politische Selbstbestimmung von Gemeinschaften voraus.[46] Wirtschaftliche Abhängigkeiten dagegen förderten einen politisch *technisierten Zentralismus* wie Manes Kadow zu den Siedlungsvorschlägen von Steffann schrieb: *Jede Siedlungsplanung erfordert heute eine fast revolutionäre Form des Denkens, zumindest eine kritische Wachsamkeit gegenüber den landläufigen, überalterten und romantischen Formen der siedlerischen Sehnsüchte. Unsere Trümmer sind nicht nur in der Deutlichkeit zerbrochener Fassaden und zermahlener Großstadtstraßen sichtbar. Die Zerstörungen reichen weiter nach innen, in unser gesamtes wirtschaftliches, kulturelles und politisches Leben. Der technisierte Zentralismus alter Prägung hat in die Katastrophenwelt der Jetztzeit hineingeführt.*[47]

Da der *technisierte Zentralismus alter Prägung* mit seinem *Katastrophenwelt* sein Zerstörungswerk im verkehrsgerechten Um- und Wiederaufbau historischer Stadtkerne zu Einkaufszentren fortsetzte, forderte Steffann bereits 1948 für Lübeck eine verkehrsfreie Altstadt: *Im Wuchs wie im Mißwuchs unserer Städte erkennen wir unsere eigenste Geschichte; denn der beklagenswerten Maßstabslosigkeit im Städtebau entspricht haargenau die innere Maßstabslosigkeit des Menschen. Erst wenn wir einmal unsere Städte wie lebende, im Innersten verwundete Wesen erkannt haben, wenn wir gesehen haben, wie hier eine Ordnung sich in ihr Gegen-*

---

[46] (39) Siedlungswerk Köln 1947-1950,132-190

[47] Manes Kadow, Eine neue Siedlung der Erzdiözese Köln, in: Die neue Stadt, Frankfurt, Juli 1949, 152. Wohlmöglich kannte Emil Steffann die ‚Indianersiedlung', die Oberbürgermeister Konrad Adenauer als Selbsthilfeprogramm für kinderreiche Familien und von diesen nach 1920 in Köln-Zollstock bauen ließ.

teil verkehrte, indem untergeordnete Faktoren, wie Wirtschaft und Verkehr, in einer alles bestimmenden Macht aufwuchsen, werden wir der Widernatürlichkeit unseres heutigen Zustandes inne. Uns scheint in erster Linie die Stadt für den Menschen bestimmt, dann erst für die Wirtschaft und den Verkehr. Eine Ordnung, die Wirtschaft und Verkehr höher bewertet als den Menschen, können wir nicht als verpflichtend anerkennen.[48] Diese offenen, kritischen Worten widersprachen dem alten und neuen Ungeist im Wechsel der Moden und, weil Steffann Grundsätzliches aufdecken, das für das Leben der Menschen Wesentliche bewahren wollte, blieben das, was er zu sagen und zu bauen hatte, unbequem für rezeptorientierte Zeitgenossen und Stachel im Zeitgeist jedweder Ausrichtungen von politischer Architektur. Er wich nicht in diese oder jene Nischen aus, vielmehr ging es ihm um das ganze Bild, das nicht zu Resten zerschnitten werden sollte, und in den Trümmern sah er das Ganze: *Groß Lübecks Gestalt als Brücke zur See. (...) Denn die Zukunft wird von den äußeren Umständen und einem inneren Bild bestimmt. Lübecks Entwicklungsmöglichkeiten sind nicht in seiner historischen Altstadt beschlossen. Sie liegen auch nicht allein in einem möglichen Neuen, sondern in dem Spannungsverhältnis beider, in einer gegenseitigen Bezogenheit von Alt und Neu.*[49] Die Hafenstadt Lübeck und die Flusslandschaft der Trave wirkten auf Steffann wie *eine Brücke zur See.* Dieses innere Bild und die äußeren Umstände fügten sich für ihn zum ganzen Bild der künftigen *Gestalt Groß Lübecks* und

---

[48] (39)122-131
[49] (39) 123

bildeten eine *gegenseitige Bezogenheit* von ,Alt' und ,Neu', einen Widerspruch nicht. Eins bedingte für ihn das andere, ohne das ,Alte' konnte es kein ,Neues' geben. Den Streit um das ,Neue' hielt Steffann für eine überflüssige Spiegelfechterei und *ein neuer Grundriss in alter Form* konnte für ihn und Rudolf Schwarz mehr bewirken als *ein alter Grundriss in neuer Form.*[50]

Hatte das Bauhaus in Dessau das ,Alte verworfen' und das ,Neue verehrt', die Baukunst im Dritten Reich das ,Neue verboten' und das ,Alte vorgetäuscht', die Nachkriegsmoderne das ,Alte abgeräumt' und das ,Neue errichtet', machte Emil Steffann das *Spannungsverhältnis in gegenseitiger Bezogenheit von Alt und Neu* zum Maßstab seiner Baukunst. Er baute dem Menschen Häuser, Kirchen, Klöster und Siedlungen ganz im Unterschied zu den selbstgefälligen Architekturideologen mit ihren menschenverachtenden Bauprogrammen für Volksgenossen, Genossen und Wohlstandsbürger. Selbst die ihm übertragene Aufgabe einer *technischen Massenherstellung von Wohnungen* richtete Steffann *in einer besonderen Weise auf den Menschen aus,* der *in dem zugewiesenen Raum* „Heimat" finden sollte, *kein Wiederaufleben irgendeiner Romantik, sondern ein Sichtbarwerden des Gesetzes, (...) halb vergessene, ganz einfache Formen menschlichen Beisammenwohnens mit Hilfe der Technik im Bauwerk neuentstehen* zu lassen. [51] Seine Baukunst entwickelte Steffann aus der ursächlichen Bezogenheit von Mensch und Welt:

Große Architektur hatte immer Lebenshaltungen zur

---

[50] (39) Kehrseiten, 28 - 68
[51] (39) Denkschrift Poitiers, 109-122

Voraussetzung, die mit Leidenschaft und Konsequenz durchgehalten worden sind, schrieb Wolfgang Braunfels.[52] Solch eine Leidenschaft und Haltung waren Emil Steffann zu eigen, die ihn zum Vordenker und Baumeister einer ortsgebundenen *Maßstäblichkeit von Architektur und Stadt* werden ließ.[53]

Im Wiederaufbau nach 1945 verloren Orte ihr Gesicht, ihren Charakter, ihre Eigenheiten und Selbstständigkeit, verschwanden im Siedlungsbrei einer Infrastruktur, wurden sich zum Verwechseln ähnlich, Wohnen und Arbeiten getrennt, Menschen zu Pendlern, die sich ihrer Lebenswelt entfremdeten, Zeit verloren, ihr Leben einem Ort zu widmen, Nähe und Ferne ein- und dasselbe. Wege und Netze waren wirtschaftlich wichtiger geworden als die Orte, denen sie zugehörten, die nun zerschnitten und umfahren wurden, und, trotz aller technischen Gigantomanie sollte es nicht gelingen, das ortsgebundene Leben abzuschaffen, mitzunehmen oder zu translozieren. Weder Reisekoffer noch Frachtgut blieb es der Dynamik der sich ständig wandelnden Zeitdimension überlegen und wurde zum Dilemma der Unternehmer, die nicht einsehen wollten, dass die Ansprüche der Moden und Theorien äußerlich und formal ihre baulichen Entwicklungen zwar beherrschten, jedoch die Gegebenheiten des Ortes, ganz gleich wie immer sie überbaut wurden, maßgebend für ein verantwortungsbewusstes Bauen blieben. *Handlung ist alles, Form ist nichts*, sagte Emil Steffann treffend; für belanglos hielt er eine Gesinnung aus Zeitgeschmack, Zeitgeist, Zeitgemäßem, ganz gleich ob sie der Vorhut oder der Nachhut angehörten,

---

[52] Wolfgang Braunfels, Abendländische Klosterbaukunst, Köln 1976, 11
[53] (40)

sie verfingen sich in Trugbildern, er las die *Wegweisung der Technik* als Verantwortungsethik; das ermöglichte ihm, mit Bauwerken Orte zu prägen, zu bereichern, durch die gegenseitige Bezogenheit seiner plastischen Baukunst Menschen und Dinge, Körper und Räume zu verbinden, eine kleine Welt zum unverwechselbaren Lebensort und zum Ortsbild einer erlebten Wahrheit zu machen.

H. G. Adler schrieb 1961 in seiner Erzählung *Eine Reise*: *Jeder muß seinen Ort verändern, da er nicht die Zeit verändern kann.* Es ging jedoch viel Freiheit verloren, durch Ortswechsel Zeit zu verändern, kam sie doch in aller dieser Mobilität zum Stillstand. Bevor in England mit dem Bau der Eisenbahnen die Greenwich Zeit als einheitliches, für alle dem Eisenbahnnetz angeschlossenen Orte verbindliches Zeitmaß eingeführt wurde, maß jeder Ort seine Zeit noch nach dem Sonnenstand und hatte seine Zeit. Erst die Fahrpläne der Eisenbahnen bestimmten Zeit einheitlich und brachten *die ganze Menschheit in ungeahnte Fernen (...) aus der es kein Aussteigen mehr gab.*[54] ‚Technik‘ zielte auf die Überwindung des Raumes ab, stellte Ivan Illich fest: *Absolute Geschwindigkeitsbegrenzung ist wohl die durchschlagendste Form der Raumplanung und der Raumordnung.*[55]

Wer einst große Angst hatte, den letzten und nächsten Teil seines Selbst, sein eigenes Haus und seine Lebenswelt mechanischer Massenherstellung anzuvertrauen, der fürchtete später, sein Auto zu verlieren, das Symbol von Freiheit und Flucht aus unwirtlichen Orten und Plätzen, die nicht zu be-

---

[54] (39) Aufbau Boust, 75 - 108
[55] (44) 57

wohnen waren. Wer konnte, schloss sich in sein Auto ein, auf den Straßen reihten sie sich hintereinander. Trafen sie jemanden, dann war es ungewollt, ein Unfall oder eine Panne. Sie fuhren aneinander vorbei, überholten sich und sagten, sie hätten keine Zeit und jagten ihr hinterher, als hätten sie sie verloren, und wollten sie einholen und vergaßen, dass sie nur die Zeit hatten, die ihnen gegeben war. Sie gaben dem Raum keine Zeit und der Zeit keinen Raum. Sie lebten in der Autowelt, verstanden es nicht mehr, sich einzurichten und fühlten sich nirgendswo zuhause. Dort wo sie waren, da wollten sie nicht sein, dort wo sie sein wollten, waren sie nicht. Kaum waren sie irgendwo angekommen, dann waren sie auch wieder woanders ganz im Gegenteil zum Leben eines Kartäuser Mönches. Er verbrachte den längsten Teil des Tages allein, schweigend im Gebet in seiner Kartause, die er nur zum gemeinsamen Dienst verließ. *Der Tagesordnung nach Stunden entspricht eine Tagesordnung nach Räumen und erst aus ihrer genauen Übereinstimmung konnte das vollkommene Klosterleben entstehen,* stellte Wolfgang Braunfels fest.[56] Nichts anderes meinte Christopher Alexander in seinem 1977 erschienen Buch *A Pattern Language.* Er ordnete komplexen Orten bestimmte Tätigkeiten zu und erläuterte, wie ein Ort zu gestalten war, um bestimmte, menschliche Tätigkeiten zu ermöglichen, diese möglich blieben und sich wie ein Mensch zu fühlen (*to feel alive and human*). Als die Kartäuser Emil Steffann 1961 beauftragten, in Leutkirch im Allgäu eine neue Kartause zu errichten, überreichten sie ihm eine umfangeiche

---

[56] (52)

64

Denkschrift, die sehr genau und detailliert die Tages- und Lebensordnung der Kartäuser beschrieb. Jeder Raum des Klosters, jeder Gebäudeteil, jeder Gebrauchsgegenstand war auf die Lebenshaltung der Kartäuser abzustimmen wie Emil Steffann erläuterte:

Daß der Kartäuserorden keine 'Regula' besitzt, sondern in seinen 'Consuetudines' (Gewohnheiten) lebt und durch sie geformt wird, ist ein Hinweis für die Planung einer Kartause; denn die consuetudines besagen, dass dem Orden ein starres Ordnungsbild fremd ist: 'Gewohnheiten' ersetzen hier die Regeln. Menschliches Leben spielte sich vor nicht allzu langer Zeit noch in und an Orten ab, sie waren mehr als nur Rastplätze an Rollbahnen, was Emil Steffann wie folgt erläuterte:

Wie es galt, dem inneren Ordensleben im Bau eine ihm angepaßte Form zu geben, so war die natürliche Beschaffenheit des Bauplatzes im Alpenvorland, seine verschwiegene Lage inmitten von Wäldern bestimmend für die äußere Gestalt dieser kleinen, durch Mauern klar begrenzten, klösterlichen STADT. Wir versuchten, uns bei der Planung des Klosters, ohne zu historisieren, von jedem modischen Einfluß zu hüten. Die Sachlichkeit der Aufgabe bestimmte den Plan. Eine heute vollkommen ungewohnte Rangordnung der Werte war zu beachten. Die einzelne Zelle bestimmt das Ganze, nicht umgekehrt. So rangiert die Zelle gewissermaßen vor der Kirche, eine in der Tradition der Kartäuser als Einsiedlerorden begründete Besonderheit. Wie jede Zelle ein in sich geschlossenes Gebilde mit eigener Werkstatt darstellt, so wurde sinngemäß die Gesamtanlage wie jede Scheune und jedes alte Bauernhaus der Umgebung möglichst auf handwerkliche

Grundlage errichtet. Der maschinell-technische Trend, welcher die heutige Architektursprache weitgehendst bestimmt, schien uns für die Errichtung eines Kartäuserklosters nicht die geeignete Form."[57]

Diese Aussagen könnte Steffann auf folgende Zeilen im Abschnitt *Das Gesetz der Serie* aus der *Wegweisung der Technik* bezogen haben, die ihm sein Freund Rudolf Schwarz 1931 schenkte: *In Akademie, Bauhütte, Siedlung oder Kloster seine Befriedigung zu finden, ist etwas anderes, als in Kaserne, Fabrik oder Kontor zu LEBEN. Hier liegen zwei Welten. Wer aus einer in die andere geht, empfindet, was dabei zerbricht, auf was er verzichtet – aber auch, was er gewinnt. (...) Daß solche Einsamkeit, aus der die Fähigkeit, zu transzendieren, wirklich gewonnen wird, in großer Tiefe gesucht werden muß, ist sicher, und vielleicht kann die letzte, wahrhaft rettende Tiefe nur auf dem Weg der Kontemplation erreicht werden, oder – sagen wir, um nicht mißverstanden zu werden – in echter Religion."* [58]

---

[57] (39) Klöster, 294 314
[58] Rudolf Schwarz, Wegweisung der Technik, 1928 (2008), 39, 55

Bilden

In einem Vortrag aus dem Jahre 1963 zum Thema ‚material-echtes und materialgerechtes Bauen' stellt Steffann an das Bauen folgende vier Forderungen:

1) Jedes materialechte und materialgerechte Bauen hat die Kenntnis der Materie und ihre Verarbeitung in einem guten Handwerk zur Voraussetzung.

2) Materialgerechtes Bauen heißt konstruktionsgerechtes Bauen; denn aus dem Baustoff ist die Bauweise, die Konstruktion, welche den besonderen Eigenschaften des verwendeten Baustoffes angemessen ist, zu entwickeln.

3) Es kann kein materialgerechtes Bauen geben, das dem Ort, an den gebaut wird, nicht gerecht wird.

4) Die letzte Forderung ist die nach einem sinngerechten Bauen. Diese vierte Forderung, sagt Steffann, hat an erster Stelle zu stehen; denn sie schafft erst die Voraussetzung für die Erfüllung der folgenden Forderungen.

Hat das sinngerechte Bauen, ein materialechtes und – gerechtes, ein konstruktionsgerechtes und ortsgerechtes Bauen in einem guten Handwerk zur Folge und zur Voraussetzung, dann ist die Frage: Was meint ‚sinngerechtes Bauen'? ‚Sinn' bedeutet zweierlei. Das Wort hat eine biologische und eine allgemeine, philosophische Bedeutung. Es meint die fünf Sinne eines Wahr-Nehmens (Gehör, Gesicht, Geruch, Geschmack, Gespür), zugleich den ‚Sinn' einer Sache und ihren Wert. Es meint das ‚Sinn-Volle' einer Entscheidung, eines Handelns und Werks, wie zum Beispiel das Bauen. Die letzte, allgemeine Bedeutung weist zurück auf die erstere in der Weise, dass die körperlichen Sinne der Wahrnehmung den Wert einer Sache als deren höheren Sinn erfahren und erkennen. Die wertende Sinnbestimmung folgt einem körperlichen Sinnerlebnis. Die umfassende, ganze Bedeutung des Wortes ‚Sinn' führt über unsere körperlichen Sinne in die Wirklichkeit der Dinge. Die Wirklichkeit legt den Sinn ihres Wahr-Seins offen, ermöglicht erst den Zugang zum Wesen einer Sache zu finden, diese als wahr zu erkennen und das Wissen um ihre Wahrheit. Nur der Mensch, dessen Sinne aufnahmebereit sind, empfängt von dort Sinn. Emil Steffann verknüpft das Wort Sinn' mit dem Wort ‚gerecht'. Mit dieser Wortverbindung ‚sinngerecht' bestimmt er die erste Eigenschaft des Bauens. Der Zusatz ‚gerecht' richtet sich auf unsere Bereitschaft, mit unseren Sinnen der Wirklichkeit der Dinge unverfälscht begegnen zu wollen, unsere Sinne unbeeinflusst der Wirklichkeit auszusetzen; denn nur in der unmittelbar erfahrenen Wirklichkeit der natürlichen Dinge vermittelt sich uns ihr Wahrsein unverfälscht.

Sinngerechtigkeit meint demnach auch zweierlei, zum einen den richtigen, also natürlichen Gebrauch unserer körperlichen Sinne, zum anderen ein aufrichtiges, unbeeinflusstes Bewerten von Sinneserfahrungen im Verhältnis und in Abwägung zu bereits gemachten Erfahrungen. Der Mensch entnimmt den natürlichen Dingen einen Sinn, empfängt von diesen einen Sinn für das Natürliche der Welt und bildet die Dinge ihrem Sinn nach: Durch die sinnliche Wahrnehmung der Wirklichkeit der natürlichen Dinge wird dem Menschen ihres Wahrsein bewusst; denn seine Kunst, Dinge herzustellen, setzt deren Natur voraus. Mit seiner Forderung nach einem ‚sinngerechten' Bauen verweist Emil Steffann auf die Erfahrungswerte sinnlichen Wahrnehmens, denen das Bauen Genüge zu tun hat, und auf die durch die Sinne wahrgenommene Welt der Dinge. Ein Bauen hat ihnen Sinn zu geben und ihrem Wesen gerecht zu werden. Sinngerechtes Bauen ist folglich zweifache Verantwortung, zum einen Selbstverantwortung in der Selbstverwirklichung des mit seinen natürlichen Gaben der Wahrnehmung versehenen Menschen, zum anderen Weltverantwortung in der Weltverwirklichung des schaffenden Menschen gegenüber den natürlichen und den geschaffenen Gütern dieser Welt. Ist die Forderung nach einem ‚sinngerechten' Bauen zugleich die Voraussetzung für die Verwirklichung der ersten drei Forderungen, dann verweisen diese auf die erste Forderung und ermöglichen in ihrer Verwirklichung deren Erfüllung. Sinngerechtes Bauen heißt für Steffann:

1) materialecht und materialgerecht
2) konstruktionsgerecht
3) situations-, ortsgerecht zu bauen.

Als materialecht sind die Naturbaustoffe zu bezeichnen, als materialgerecht das Bauen, das die Natürlichkeit der Baustoffe bewahrt, nicht zu verfälschen sucht, aus und mit der Natur der Stoffe baut. Nur ein wahres Handwerk kann diese Forderungen erfüllen; denn die Grundlage jedes Handwerks sind die fünf menschlichen Sinne der Wirklichkeitserfahrung. Erst mit der sinnlichen Wahrnehmung wurde menschliches Handwerk möglich. Die Hand, ihr Tasten, Greifen und Tun, steht für einen der fünf Sinne, die allesamt über die Hand auf das Schaffen des Werkes einwirken, nur ein Handwerk ermöglicht ein ganzes, ein vollendetes Werk.

Konstruktionsgerechtes Bauen ist das natürliche Maß, das uns die Eigenschaften der Naturbaustoffe aufgeben. Dies ist ein Bauen aus den natürlichen Qualitäten der ersten Stoffe der Natur, welche wir naturgemäß gebaut vorfinden. Konstruiertes Bauen ist das maßlose Bemessen künstlicher Quantitäten einer rohstoffverarbeitenden Bauindustrie. Solch ein Bauen wird nur sich selbst gerecht, nicht aber mehr den Dingen dieser Welt und den Menschen. Ein industrialisiertes Bauen verarbeitet Naturbaustoffe zu abstrakten Konstruktionseinheiten und verhindert ein ‚sinngerechtes' Bauen, weil die Industrialisierung des Bauens das Handwerk zur Montage immergleicher, vorgefertigter Werkstücke degradiert, den Menschen um die Vollendung seines Werkes und um seine Selbstverwirklichung, darüber hinaus auch die natürlichen Dinge um Weltverwirklichung, betrügt. Solch ein Bauen erkennt weder ‚Sinn' noch ‚Maß' in den Dingen als allgemeine, menschliche Erfahrungswerte an, sondern verfolgt mit Eigensinn und Selbstgerechtigkeit eine schließlich sinnlos erfahrene Überproduktion von Verbrauchsgütern. Es zitiert sich selbst, collagiert Ansprüche in einer Welt für sich, es stellt Vorurteile über Welt in die Welt auf und ist im Übrigen unfähig, im Gegensatz zum schöpferischen Handwerk, aus empfangenden Wirklichkeiten neue Wirklichkeiten nachzubilden. Je weniger und seltener es Menschen möglich sein wird, ihre sinnlichen Erfahrungen in neue Wirklichkeiten umzusetzen, umso unwirklicher wird die Welt, umso mehr entfernt sie sich von sich selbst und vom Menschen.

Aus diesem Grund forderte Emil Steffann ein ortsgerechtes Bauen: Es kann kein materialgerechtes Bauen geben, welches nur auf sich selbst und seine ästhetische Wirkung bezogen ist, die Situation aber, in der gebaut wird, unberücksichtigt lässt. Historisieren heißt dann, sich außerhalb von Zeit und Ort stellen und ‚wertfrei' die Baugeschichte als ein Panoptikum interessanter Baustile zu sichten, um dann in einem Anflug von intellektueller Überlegenheit, der vielfach heute für genial gehalten wird, ein im Plan vorfabriziertes Gebäude mit gefälligen Motiven stilvoll zu schmücken. Der Historismus baut sich selbst, er baut nicht in den Bedingungen und mit den Bedingungen der Geschichte, sondern sozusagen parallel zu dieser, er baut seine Interpretationen daneben. Er wertet sein Selbstzitat als historische Tat und zwingt die Dinge in seinen oberflächlichen Stil. Zu Recht stellt Emil Steffann fest, dass ein ortgerechtes Bauen umso mehr gelingt, *umso weniger nach dem Architekten gefragt ist*. Er will damit zu verstehen geben, dass die Werke der Menschen dann wirklich sind, spricht aus ihnen die Wahrheit der Dinge, nicht die Meinung des Künstlers. Lange Zeit schon bevor Emil Steffann zur Gelegenheit eines Vortrages seine Gedanken zu einem materialechten und materialgerechten Bauen formulier-

71

te, baute er entsprechend der letzten Forderung seines Vortrages, nämlich sinngerecht. Zu den herausragendsten Beispielen seines Bauschaffens gemäß der Erfüllung dieser Forderung zählen: ein Fachwerkhaus in Lübeck, die Ausrichtung einer Fronleichnamsprozession in Lübeck, der Wiederaufbau von Boust in Lothringen, seine Patententwicklungen, der Gestaltungsplan für Lübeck als Brücke zur See, sein Bauen mit Trümmern, die genossenschaftlichen Selbstversorgersiedlungen in Köln, das Gemeindezentrum Maria in den Benden in Düsseldorf-Wersten und das Pfarrzentrum St. Augustinus in Düsseldorf-Eller (beide Projekte mit Nikolaus Rosiny), die Erweiterung des Klosters Stoppenberg in Essen und die Kirche St. Hildegard in Bonn-Mehlem (beide Projekte mit Heinz Bienefeld) und die Kartause im Allgäu (Emil Steffann und Gisberth Hülsmann). *Es gibt ein Bauen, das ist einfach den Dingen treu und gibt ihnen Recht*, schrieb Rudolf Schwarz in ‚Neues Bauen?' (1929). Ein Bauen aus diesem Geiste verwirklichte Emil Steffann in beispielhafter Weise.

Dienen

Das Werk von Emil Steffann gewinnt für uns zunehmend an Bedeutung. Nachdem die ,Christlichen Kunstblätter', Linz, ihr Heft 3/69 und die ,Bauwelt', Berlin, ihr Heft 19/79 diesem Architekten widmeten, wird sein Werk in einer ersten Ausstellung einer breiteren Öffentlichkeit vorgestellt und gewürdigt. Was begründet das Interesse, das Emil Steffann hervorruft? *Die Klagen über die Unwirtlichkeit unserer Städte[59], unserer Wohnsiedlungen und auch unserer Kirchen mehren sich,* schreibt Günter Rombold im Katalog zur Ausstellung, *es ist kein schlechtes Zeichen, daß man sich in solcher Orientierungslosigkeit wieder auf einen Architekten besinnt, dem es darum ging, 'Die Quellen menschlichen Seins und Bauens' offenzuhalten.[60] Thema der Ausstellung ist es zu zeigen, daß es sinnenhafte Grundpläne des baulich-räumlichen Gestaltens gibt, die der Architektur aller Zeiten und Stile vorausliegen,* stellt Gisberth Hülsmann fest, *und, (...) das Bauen als unmittelbare, ,erste" Notwendigkeit des Menschen zu verstehen ist.[61] – Die Qualitäten Steffannscher Bauten,* bemerkt Ulrich Weisner, *liegen nicht erst im gebauten Ergebnis, sondern bereits im Grundansatz, sozusagen in der ,vorarchitektonischen Phase', im ,geistigen Grundriß', in der Haltung und*

---

[59] Alexander Mitscherlich, Die Unwirtlichkeit' unserer Städte', Anstiftung zum Unfrieden, Frankfurt 1969
[60] Emil Steffann, Bielefeld 1980, Bonn/Düsseldorf 1981, 13
[61] (43) 5

Einstellung, mit der eine Bauaufgabe begriffen, durchdacht und dann schließlich angegangen und gelöst wird. Das Gute, Wahre und Schöne sind für Steffann noch identisch. Solch eine Auffassung von Architektur steht im Gegensatz und offenen Widerspruch zum ‚Zeitgeist'. Werner Spies, der Kunstkritiker, schrieb erst kürzlich in der FAZ vom 6.2.1981: *Die Collage, die zusammenstückt, führt das Disparate vor, sie ist die bedeutendste Form, die die Kunst unseres Jahrhunderts hervorgebracht hat.* Es hat also seinen Grund, warum die ‚Stilcollage' den derzeitigen Trend der ‚Architektur' bestimmt. Identität von Stoff, Gestalt und Zweck, von Ort, Zeit und Ereignis sind wieder einmal nicht gefragt.

In der baulichen Verwirklichung solcher Identität liegt aber die Bedeutung des Werkes von Steffann. In diesem Sinne war er der Mitstreiter von Rudolf Schwarz, der sich zeitlebens, wie Emil Steffann auch, um das Wesentliche zwischen und in den Dingen bemühte: *Es gibt ein Bauen, das ist einfach den Dingen treu und gibt ihnen Recht,* schreibt Schwarz 1929 in *Neues Bauen?* Emil Steffann setzt diesen Gedanken in seinem Schaffen um. Ausstellung und Katalog verdeutlichen dies eindrücklich, sei es Hausbau, Städtebau, Kirchenbau oder Wiederaufbau zerstörte Ortschaften. Ihr gemeinsames Projekt für den Bau eines Gemeindezentrums in Berlin-Lichterfelde aus dem Jahre 1936 zeigt, worum es ihnen ging: *Man könnte sich vorstellen, daß eine Kirche, die nach neuem Grundriß in alten, historischen Formen erbaut würde, eher zu unserem Wollen passen könnte, als eine, die in ‚modernen' Formen über altem Grundriß entstanden wä-*

re, schreibt Schwarz.[62] Aus dem Geist der ‚Schildgenossen‘ und Romano Guardinis schöpfte und wirkte auch Steffann[63] Es sind folgende Gedanken, die Guardini 1938 dem Buch von Schwarz *Vom Bau der Kirche* voranstellte: *Vor allem fiel mir auf, was man in einer Schrift über Kirchenbau kaum erwartet: den Ansatz zu einem merkwürdigen Menschenbilde. Ein Versuch, den Menschen weder aus einer abstrakten Definition noch aus dem Gang seiner Entwicklung, sondern aus seinen Organen zu bestimmen – genauer aus dem Verhältnis, welches seine Organe zwischen ihm und der Welt herstellen, etwa indem gesagt wird, der Mensch sei jenes Wesen, das eine Hand hat. Dieses Menschenbild ist ganz konkret und alle Bereiche des Seins, vom Stofflichen bis zur Höhe des Geistes, ja des Heilig-Geistlichen, hindurchbaut. Indem, aber der Mensch bestimmt wird, wird auch das Wesen der Welt benannt – denn jedem echten Menschenbilde ist ein Menschenbild zugeordnet – und aus beiden erhebt sich eine wunderbar lebendige Gesamtgestalt des Daseins.*[64]

Steffann meint gleiches in der Einleitung seiner *Baufibel für Lothringen*: *Was ein Mensch in wörtlichem Sinne begreifen, was er mit Auge und Hand wirken kann, das ist sein Maß: sein Handwerk.* Steffann baute am Bild der Welt, nicht für den Trend der Zeit. Solch ein Bauwille ist universell gesinnt. Dies macht die Ausstellung deutlich und erklärt, warum Emil

---

[62] Manfred Sundermann (Hrsg.), Rudolf Schwarz und Emil Steffann, Planmappe Sankt Anna, Norderstedt 2023, 24
[63] wie auch Mies van der Rohe: Fritz Neumeyer, Mies van der Rohe – Das kunstlose Wort, Gedanken zur Baukunst, Berlin 1987, 66
[64] Romano Guardini, Zum Geleit, in: Rudolf Schwarz, Vom Bau der Kirche, Mainz/ Heidelberg, 1938/1947

Steffann nicht nur ein ‚ortsgerechtes' Bauen forderte, sondern auch verwirklichte. Es ist wichtig, „Architektur' zu verlernen, sagte er; denn erst dann werden unsere Sinne und unsere Herzen frei und offen für die Wahrnehmung der echten Bedürfnisse, denen wir zu dienen haben. Rudolf Schwarz provozierte 1953 in der Zeitschrift *Baukunst und Werkform* eine als Bauhausdebatte bekannte Auseinandersetzung mit den Funktionalisten, an deren Schluss Emil Steffann schrieb:

‚Logik des Verstandes gegen Logik des Herzens:

Schwarz: ‚Wir wollen wider wieder begreifen, daß Baukunst nicht Funktion ist, daß sie im Geheimnis wurzelt, nicht in der Rechnung.'

Mies van der Rohe: 'Meinen Sie nicht, daß auch Kathedralen[65] Logik, Konstruktion, Rechnung sind?'

Schwarz: ‚jawohl, aber in einem höheren, metaphysischen Sinne.'

Steffann: ‚Welches Wissen ist tiefer, das des Verstandes oder das des Herzens? Denn offensichtlich lebt Baukunst aus beiden und es ist keine Baukunst, wenn eines fehlt. Baukunst ist weder Funktion noch dekorativer Kurzschluß des Verstandes mit dem Herzen, sondern der Versuch, Herz und Verstand einander durchdringen zu lassen und in eine gebaute Einheit zu binden. Ihr Maßstab ist. Wie weit diese Einheit gelingt.

Johannes vom Kreuz läßt das Wissen des Herzens sprechen, das im Geheimnis wurzelt, dem tiefsten Grund jeder Kunst, auch der Baukunst, indem er sagt;

---

[65] Der Vater von Ludwig Mies van der Rohe war Steinmetz am Dom zu Aachen und Rudolf Schwarz stellte 1947 einen Entwurf für einen Dom in Milwaukee, U.S.A. vor.

„denn so gewaltig dies Wissen, das heimlich
im Nichtwissen liegt,
wie sehr er sich des Streits beflissen,
hat noch kein Weiser es besiegt,
weil sein Verstand sich drein nicht fügt, zu
wissen ohne Wissen und Gedanken hoch über alles
Wissens Schranken. " [66]

Steffann zitierte gern Zeit seines Lebens einen Ausspruch Bernhards von Clairvaux: *Holz und Stein lehren Dich, was Du in Büchern nicht finden kannst.*[67] Ludwig Wittgenstein sagt ähnliches anders. Er schließt seinen *Tractatus logico-philosophicus* mit den Worten: *Wovon man nicht sprechen kann, darüber muß man schweigen.*[68] Vielleicht beginnt die Baukunst dort, wo die Sprache endet. Steffann hat so gebaut. Seine Bauten schweigen und – wie alle echten Dinge – verwirklichen sie ein Wahr-Sein, für das Worte fehlen.

---

[66] Emil Steffann, in: Die Bauhaus-Debatte 1953; Dokumente einer verdrängten Kontroverse / hrsg. von Ulrich Conrads ...; Braunschweig; Wiesbaden, 1994, 240
[67] Manfred Sundermann, Holz und Stein werden Dich lehren – Schule des unbefangenen Bauens: Emil Steffann, Mitarbeiter, Schüler, in: Emil Steffann (1899 – 1968), Werk, Theorie, Wirkung; Conrad Lienhardt (Hrsg.), Regensburg 1999, 65-96
[68] Ludwig Wittgenstein, Tractatus logico-philosphicus, Logisch-philosophische Abhandlung, Oxford, 1959, Frankfurt 1973, 115

Wirken

*„Die Möglichkeiten neuer Gestaltung innerhalb einer jahr-
hundertealten Tradition sind beschränkt. Sie sind in dem sehr
langsamen Wachstum der Idee beschlossen, welche der Tradition zugrunde liegt. Künstlerische Eigenwilligkeiten finden
deshalb auf die Dauer keinen Nährboden, soweit sie nicht die
in der Idee selbst schlummernden Möglichkeiten ans Licht
bringen."*[69]

Zur Situation: Architekten lieben es, sich in der Vielfalt
der von ihnen erörterten Themen zu spiegeln. Beredte Welt-
offenheit gilt ihnen als Ausdruck von dynamischer, intellektueller Flexibilität. Dadurch werden sie sich selbst so sympa-
thisch, manchem Zeitgenossen aber verdächtig. Häufiger
Themenwechsel, Flüchtigkeit in der Erörterung der Themen,
ein sich ständig um neue Schlagworte erweiternder Fachjar-
gon sind bezeichnend für eine schnelllebige Zeit, die sich
mehr darin gefällt, durch einen Mangel an Beständigkeit zu
verwirren, als sich in redlicher Selbstbeschränkung zu be-
währen. Mittlerweile ist es üblich geworden, Pläne zu menschenverachtenden Bauwerken mit Zitaten großer Dichter
und Denker zu versehen, als würden diese durch solche Art
‚Weihen' menschenwürdiger! Diese neue Spielart eines intel-
lektuell-psychologischen Animismus ist merkwürdig atavis-
tisch für eine Zeit, die sich für aufgeklärt hält, sich aber

---

[69] Emil Steffann, Besinnung, Baukunst und Werkform, 3/1957

gegenüber Wirklichkeit in bedenklicher Weise versagt und zum ‚Nichts' einer gähnenden Langeweile gerinnt.

Die Beliebigkeit moderner Architektur: Auffallend ist es, dass das Verhältnis radikaler Modernisten zur Wirklichkeit immer auf merkwürdige Weise gestört ist. Es ist entweder sentimental und kitschig oder lieblos und grausam. Ein ‚Modernist' sieht in der Außenwelt eine Ausweitung seiner Denkgebilde, nicht eine autonome, geschaffene Wirklichkeit, in der es zu leben gilt. Die Welt ist ihm das Projekt seiner Visionen, ein Gespinst subjektiver Gedanken ohne objektiven Bezug. Allgemeine Ideen leben nicht mehr in den Dingen und in der Welt, sondern abgeschlossen in den Köpfen vereinzelter Menschen. Die Beliebigkeit, mit der Meinungen entstehen und sich überleben, ist erstaunlich. Erinnern und Vergessen scheinen ein- und derselbe Vorgang zu sein. Und die Ursache für die Beliebigkeit moderner Architekturauffassungen gründet vermutlich im Wirklichkeitsverlust ihrer Theorien, die mehr über sich aussagen als von der Wirklichkeit der Welt sprechen.

Die heute laut werdende Forderung nach einer ‚autonomen' Architektur wäre zu unterstützen, würde darunter nicht etwas gänzlich anderes verstanden als die Selbstständigkeit einer Disziplin, nämlich die Selbstherrlichkeit und vermeintliche Gestaltungsfreiheit des autonomen, nur seinen Ideen verpflichteten Architekten als dem Erfinder von Architektur. Die Auffassung, dass es ohne Architekten keine Architektur geben könne, weil diese erst von Architekten zu erfinden sei, klingt modern, die Meinung, dass es ohne Architektur keine Architekten geben kann, scheint antiquiert. Für den einen sind Ideen Erfindungen genialer Menschen, für den anderen Wesenheiten einer korrelativen Weltschau auf Menschen und Dinge. Dieser Unterschied von Weltbegegnung und -betrachtung mag für die Architektur überraschend neu sein, für die Wissenschaften ist er so alt wie die Philosophie eines Platons. Es bleibt ein Unterschied, ob Ideen immanente Ganzheiten (Universalien) sind oder Denkkonzepte von Individualisten. Die erste Auffassung ermöglicht in den Erscheinungen Wirklichkeiten wahrzunehmen, die von einem beständigen Wahr-Sein der Dinge künden. Die zweite, entgegengesetzte Auffassung ermöglicht verschiedensten Individuen beliebige Sichtweisen des Architekturbetrachtens und löst die ‚eine' Architektur in eine Vielzahl sich widersprechenden Formen von Architektur auf. Das heißt modern.

Wie oder Was: Einig ist man sich, dass ‚Architektur' beliebig und kein Sinnbild ist. Diese Auffassung von Architektur teilen Modernisten. Das, was Architektur ist, bleibt unbestimmt und nicht zur Frage, die es zu lösen gilt. Wie ‚Architektur' sein soll, ist hingegen ein Anspruch, der die Modernisten in Atem hält und eine beliebige Zahl von Angeboten zulässt, weil das Was als ‚unbestimmte Größe' definiert wird. Einigkeit besteht darüber, dass nur das Neuste das Beste sein kann. Nach diesem Kriterium wird ‚Architektur' bewertet; denn nur so kann sich die Idee vom Neuen bewahren.[70]

---

[70] (40) 41- 42, Josef Lehmbrock: *Die jüngste Architekturgeschichte ist von Modewellen geprägt, die kommen und gehen, aber man darf nicht übersehen, dass sie außerordentlich zwingend sind. Kaum jemand kann sich hier entziehen. Er muß auf diese Mode eingehen, weil er sonst gar keine Chance hat, prämiiert zu werden. Z. Zt. haben wir jedenfalls eine außerordentliche Unsicherheit darüber, was die „Sprache" der Architektur anbelangt.*

Bewahren heißt hier, die Bereitschaft zur ständigen Veränderung einzufordern. Dass diese Forderung beständige Zerstörung zur Folge hat, wird in Kauf genommen. Die klassische Moderne überlebt sich heute in ihren ‚postmodernen‘ Tendenzen. Dass Avantgarden morgen von gestern sind, das war einmal. Die ‚Postmoderne‘ hat sich von der Baukunst befreit, deren Sinnbilder als formal überhöhte Stilcollagen in die Architekturtheorie überführt, die Fragen nach menschlichem Sein und Bauen beiseitegeschoben. Endgültig scheint die Frage nach einem Wie die Frage nach dem Was zu beherrschen. Die Erscheinung von Architektur steht im Widerspruch zu ihrer Bedeutung.

Besinnung und Beständigkeit: Eigentümlich beruhigend ist, dass der modernen Welt trotz anstrengendster Bemühungen ‚der moderne Mensch‘ nicht gelingen will. Die oberflächlichen Ziele eines scheinbar modernen Lebens enden an den dunklen Grenzen moderner Architekturdeutungen. Die moderne Welt spiegelt ihre selbstgebaute Scheinwelt im alternativen Wandel ihrer Moden. Besinnung ist angebracht.

Ein Nur-sich-erinnern an ‚vergangene‘ Zeiten reicht nicht hin, fesselt es die Gegenwart, weckt es nicht die Sinne, belebt es nicht die Wirklichkeit. Besinnung gründet im Gewissen. Erinnerungen leben vom Gedächtnis. Das Erinnerungsvermögen bedarf äußerer Anhaltspunkte, um sich ins Gedächtnis zu begeben. Es führt räumlich von Außen nach Innen, zeitlich steuert es vom Heute ins Gestern. Die Besinnung benötigt innere Reflektion, um sich der Wirklichkeit des Lebens zu vergewissern. Sie richtet sich von Innen nach Außen, vom Dun-

kel ins Lichte, vom Eben ins Jetzt. Besinnen ist Erwachen –
Erinnern Versinken. Unseren Erinnerungen sind wir ausgeliefert. Schnell verliert sich das Gedächtnis im Vergessen. *Besinnung*, stellt Emil Steffann fest, *ist die Voraussetzung jeder
nach außen gerichteten Tätigkeit*. Durch die Besinnung kann
es gelingen, die Erinnerung in eine nach außen gerichtete Tätigkeit zu verwandeln und der Gegenwart erneut zu überant-
worten. Die Erinnerung wiederum vermag der Besinnung,
und damit dem Gewissen, durch ihr Gedächtnis Beständigkeit zu verleihen. Das Wahre will auch bewahrt werden. Als
geistiger Zustand sucht es seine äußere Entsprechung in der
Beständigkeit der Werke, deren stoffliche Dauer wiederum in
einer geistigen Beständigkeit zu suchen ist, deren wirkender
Ursprung B e s i n n u n g heißt.

D i e T r ü m m e r d e r m o d e r n e n W e l t : Die Beziehungs-
losigkeit zwischen Menschen und Ding ist Folge und Ausdruck einer tiefen, zwischenmenschlichen Beziehungslosig-
keit. Die Heterogenität unserer verbauten Umwelt ist das Ergebnis hoffnungslos scheinender Verwirrung. Darum klingen
die Worte von Emil Steffann zum Thema des Wiederaufbaus
im kriegszerstörten Westdeutschland wie ein Nekrolog auf
die moderne Welt und der ihr angepassten Architektur:

*Die Trümmer unserer modernen Welt sind nicht schön. Im
Vergleich zu den Trümmern der Antike sind sie von einer bei-
spiellosen Häßlichkeit, welche im Grunde unsere Nacktheit
und unsere Häßlichkeit ist und die es nicht zu zudecken, sondern die es zu bewältigen und zu überwinden gilt, soll nicht
etwas noch Häßlicheres an ihre Stelle treten. Vielleicht könnte uns der Barock einen Hinweis geben, der weiterhilft. Denn*

die besondere Leistung dieser Zeit bestand darin, daß sie die Trümmer der Antike, an deren Beseitigung Jahrhunderte gescheitert waren, innerlich und äußerlich, geistig und städtebaulich in das eigene Weltbild einbezog.

Von einigen übriggebliebenen ‚Trümmergrundstücken‘ abgesehen gilt der Wiederaufbau der westdeutschen Städte als abgeschlossen. Unvollendet bleibt, was Steffann den geistigen Wiederaufbau der Häuser und Städte nennt. Sein Wiederaufbau des Franziskanerklosters auf der Ulrichgasse in Köln (1950 – 1952) verdeutlicht, dass Wiederaufbau nicht die stoffliche Wiederherstellung alter Tatsachen heißt, nicht nur die Rekonstruktion von Zweck und Nutzen ist. Es geht vielmehr um das Rückgewinnen eines geistigen Gehalts in Form eines inneren Bildes, das durch Baukunst erfahren wird, vorausgesetzt, die Existenz von Wirklichkeit in ihren sichtbaren und unsichtbaren Erscheinungen wird wahrgenommen. Wiederaufbau kann nicht nur stofflich verstanden werden, er setzt die Leistung eines geistigen Wiederaufbaus voraus. Wahrer Wiederaufbau hieße geistige Erneuerung. Da jeder materiellen Zerstörung eine geistige Zerstörung vorausgeht, müsste der Wiederaufbau von Zerstörtem mit der Rückgewinnung ihrer geistigen Voraussetzungen beginnen. Diese sind weniger in den Theorien über Architektur zu finden und mehr in der gebauten ‚Zerstörung‘ oder dem Zerstört-gebauten selbst zu erfahren.

Architektur bildet aus ihrer Bezogenheit auf das wirkliche Leben im Maße ihrer Innerlichkeit gültige Erscheinungen in Gestalten, Worten und Gedanken, Unsichtbares im sichtbaren Gehalt der Stoffe und Gestalten zur Baukunst. Emil Steffann drückt dies mit seinen, diesem Text vorangestellten Worten treffend aus. Seine Gedanken ordnen sich in drei Sätzen:

1. Satz der Einsicht: Die Möglichkeiten neuer Gestaltung innerhalb einer jahrhundertealten Tradition sind beschränkt

2. Satz der Begründung: Sie sind in dem sehr langsamen Wachstum der Idee beschlossen, welche der Tradition zugrunde liegt

3. Satz der Besinnung: Künstlerische Eigenwilligkeiten finden deshalb auf die Dauer keinen Nährboden, soweit sie nicht die in der Idee selbst schlummernden Möglichkeiten ans Licht bringen.

Einsicht als Erkennen realer Möglichkeiten,
Begründung der Einsicht als Reduktion auf und Klärung durch ihre Ursache,
Besinnung als Entscheidung für das Was eines nach außen gerichteten Handelns sind die drei Eckpfeiler, auf denen Steffann seine Bauten gründet.

Diese drei Ecksteine eines geistigen Wiederaufbaus von Architektur, auf die Emil Steffann uns verweist, könnten zu Wegweisern werden und der ‚Architektur‘ die Rückkehr aus der Sackgasse unendlicher Beliebigkeit ermöglichen.

Aufgeben

Architektur und Sprache: Architektur ist nur ein Wort
aus der Antike und ihrer ‚Wiedergeburt' eine Abkehr von der
mittelalterlichen Baukunst in Italien. Seitdem wurde viel über
dieses Wort und seine Bedeutung geschrieben und auch Ende
des letzten Jahrhunderts behauptet, es sei mehr als nur ein
Wort, eine ;Sprache'. Ohne Frage schauen viele Gebäude ausgesprochen gut aus und künden von der Architektursprache
ihrer Schöpfer, den Architekten, Bauherrn und Fachzeit-
schriften. 'Gebaute Sprachen' wäre ein guter Titel einer internationale Architekturausstellung zum Beispiel in Venedig zu
folgenden Themen: Urschrei, Muttersprache, Fremdsprache,
Übersetzung, verlorene Sprache, Nacherzählung, Kurzge-
schichte, Roman, Beschreibung, Bericht, Gedicht, Sprach-
spiel, Witz, Lüge, Flüche, Zitate, Widersprüche und vieles
mehr. Wie schon Marcel Proust *Auf der Suche nach der verlorenen Zeit* war, wäre das Kuratorium dieser Ausstellung auf
der Suche nach der verlorenen Architektur, die Tautologie
‚Architektur ist (Architektur), war und wird (Architektur)'
hilfreich und zielführend gewesen.

Tautologien erschließen, so scheint es, nichts anderes als
sich selber, sie sind – bald wird man dessen erschrocken,
bald tief erschüttert gewahr – die Binsenweisheiten, die im
erklärenden Schlusse ihre Prämissen nochmal vortragen,

schreibt H. G. Adler.[71] Diese Denkform vollzieht den logischen Zirkelschlag, indem sie A = A(A') setzt. Das hat den Vorteil, sich nicht in sinnlosen Themen zu verlieren, die keine sind und trotzdem als solche herhalten müssen, nur weil Architekturrhetoriker Theorie und Praxis, Begriffe und Bilder beliebig verwechseln, ihre Slogans und Schlagworte für Baukunst halten, für alles eine Allegorie und Erklärung finden, es Spaß macht, alles durcheinander zu bringen und nicht wahrhaben wollen, dass Sprechen und Bauen eine gemeinsame, natürliche, im Menschen begründete Voraussetzung haben: das Denken in logischen Schlüssen. Nur im Kreisschluss der Logik wirken Sprechen und Bauen Sinn, Satzbau und Hausbau. Wie Sätze wurden Häuser logisch gebaut, sollten sie verstanden werden. Wahrscheinlich wurde die Logik der Sprache, ihr Aufbau und Verständnis aus der Logik des Bauens bezogen und abgeleitet; denn das Bauen ist archaisch, eine der ersten Künste. Als Eva und Adam aus dem Paradies vertrieben wurden, das waren sie voller Schrecken und Not, nackt, schutzlos ohne Kleid und Haus, ,ohne ein Dach über dem Kopf' wie es heißt. Mit der Sprache kam die Lüge in die Welt. Sokrates fragte seinen Schüler, der zu ihm eilte, um ihm das Neuste mitzuteilen: *Sag mir, bevor Du beginnst, ist das wahr, was Du mir sagen willst? – Nein*, bekommt er zur Antwort, *man hat es mir erzählt. - Ist es gut? - Im Gegenteil, es ist schlecht. - Ist es nötig, dass ich es weiß?* fragt Sokrates. *Nein, das auch nicht*, bekommt er zur Antwort. *So erspare mir und Dir diese Lästigkeit*, schließt Sokrates und nannte

---

[71] H. G. Adler, Tautologien, in: Die Erfahrung der Ohnmacht, Frankfurt 1964, 257

diese drei Fragen die drei Siebe der Sprache. Würde gefragt, ob das, was gesprochen und gebaut wird, wahr, gut und nötig ist, bliebe eine Menge Lästigkeit erspart. Gesprochene Lästigkeiten werden vergessen, gebaute Lästigkeiten sind nicht beiseite zu schieben und werden irgendwann hingenommen. Sprechen und Bauen sind gleichen Ursprungs aus unterschiedlichem Material geformt. Ein Stein ist ein Wort und Ding, das Wort bezeichnet das Ding. Das Ding bleibt stofflich gebunden, das Wort nicht. Es spricht von und über etwas. Der Stimme bildet Worte, ihr Laut verklingt so schnell wie ausgesprochen. Stimmen und Sprechen sind Mundwerk. Es sind die menschlichen Hände, die bauen. Bauen ist Handwerk. Diese Erkenntnis ist die grundsätzliche Voraussetzung der Architektur. Wer Architektur eine Sprache nennt, irrt. Architektur ist kein 'Mundwerk' und nur das Schreiben Handwerk.

Worte sind ursprünglich Namen. Sie bezeichnen Dinge. Sie fragen, ob das, was die Hände halten, greifen, die Augen sehen, die Nasen riechen und die Ohren hören, das ist, was es ist, das ist, was erkannt und bezeichnet wird, oder nur vorgibt, etwas zu sein, was es nicht ist. Für Dinge die richtigen Worte und Namen zu finden, das setzt Erfahrung und Wissen voraus, heißt, sie wiederzuerkennen. Im schnellen Wandel ihrer Erscheinungen verkommen ihr Sinn, Sinne und Sprache. Das Leben kennt kaum noch Dinge von Dauer. Gebaut wird heute aus Abfällen einer rohstoffverarbeitenden Industrie, nicht mehr aus den Rohstoffen der Natur, aus Holz und Stein. Dinge ohne Eigenschaften und Maß sind Sachen, Abfallprodukte der Industrie.

Werden Sprache und Architektur verwechselt, dann werden die sinnliche Wahrnehmung zur Projektion, das Denken richtungslos, aus einem beliebigen Begriff ein fragwürdiger Gegenstand, ein Ortsbild zur belanglosen Collage und alles ohne jeden Zusammenhang ein Durcheinander voll selbstbezogener Eitelkeit und gähnender Langeweile. Der ideologische Kurzschluss von Denken und Erkennen schafft Unterschiede ab. Alles wird über einen Kamm geschoren. Gleichgestellt und -gemacht verlieren die Teile das Ganze, an Wert und Wertschätzung, Dinge ihren Charakter, das Leben an Fülle und Reiz. ‚Der Zweck heiligt den Sinn' bestätigt diesen Un-Sinn für das Bauen; denn zweckmäßig heißt nicht sinnvoll. Den Zweck über den Sinn zu stellen, entwertet ein jedes Ding. Der Wert eines Dings bemisst seinen Zweck, der Zweck hat Anteil am Wert. Das Umdeuten der Werte zum Zweck führt in den Sinnverfall und zum Sinnverlust der Architektur mit ihrer für Rudolf Schwarz gegebenen Rangordnung von *Sinn-, Bedeutung-, Wirk- und Zweckform.* Sie verlieren ihre Spannung aus *Innerlichkeit und Bezogenheit.* Der reine Zweck durchdringt mit kaltem, rechnerischem Kalkül wirkmächtig und ohne Maß alle Lebensweisen und -formen, nicht zuletzt das Bauwesen. Das führen Rudolf Schwarz in der *Wegweisung der Technik,* Romano Guardini in *Das Ende der Neuzeit,* Emil Steffann in *Die Baufibel für Lothringen* und Hans Blumenberg in *Wirklichkeiten in denen wir leben* weiter aus.

Drei Siebe: Architektur bleibt ein Mythos, das Wort ist heute eine fragwürdige Metapher für ein wildes, geschäftigen Bauwesen geworden, das Aufgaben zu erfüllen hat, dem Ziele vorgegeben und gesetzt werden. All die Aufgaben und Tätigkeitsfelder eines Bauwesens stehen im Dienst einer Gesellschaft, ihrer Politik, Wirtschaft, Kultur, ihrer Werte und Verfassung. Das sind die Rahmenbedingungen der Baukunst. Das Bauen ist an die *Macht des Faktischen* gebunden. Sie herrscht über das Bauwesen. Sie erlässt Bauprogramme. Sie entscheidet im schnellen Wandel von Ideologien und Moden über Baumaßnahmen: Wer, was, wo, warum, wie und für wen in welcher Absicht bauen darf oder zu bauen hat. *Trugbilder der* ‚Architektur' stehen stellvertretend für Gewinnabsichten und Gewinnstreben fehl am Platze. Als Gerücht fallen sie durch die drei Siebe des Sokrates, falsch, schlecht, unnötig als Zierrat auch durch die drei Siebe von Emil Steffann: Sie sind nicht materialecht und -gerecht, nicht konstruktions- und ortgerecht. Sie erfüllen nicht die Aufgabe eines *sinngerechten Bauens in einem guten Handwerk*. Bauen und Denken drehten sich nicht um sich selbst, gleich einer *sinnigen Tautologie* in einem offenen Ring sind sie nach außen auf das ausgerichtet, was Sinn hat und macht. Der Mensch ist ein gerichtetes Wesen: Ohne die drei Siebe findet er keinen Sinn, ohne Sinne kein Ziel. Überflüssige Zutaten, rational hinzugesetztes Beiwerk sind einem sinnstrebenden Bauschaffen abträglich. Luxus- und kitschmäßige Architektur ist kein Ersatz für sinngerechtes Bauen, denn die einfachsten Regeln des Bauens werden nicht beachtet. Wahllos wird es allen möglichen Anforderungen und Ansprüchen ausgesetzt. Es hat anderen Regeln zu folgen. Baukunst gelingt nach Steffann umso besser, je mehr Bauherren und Architekten persönliche Ansprüche und Absichten aufgeben. Vorsätzliche Wahrzeichen ergeben keinen Sinn und werden Markenzeichen. Erst ein sinngerechtes Werk kann zum Wahrzeichen werden. Das Handwerk schafft mit seiner ihm eigenen Wahrhaftigkeit und Aufrichtigkeit Ding und Hinweis auf Wahrheiten. Es hat Würde, Anstand und Takt. Es bewahrt das Bild vom Menschen. Das Industrieprodukt gehört mit Ablaufdatum zum Abfall. Es beansprucht weder Erinnerung noch Gedächtnis, es wird vergessen und ersetzt.

Trümmer der Zeit: Trümmer ist der Plural des Wortes ,Trumm', das Bruchstück oder Endstück bedeutet. Letztlich ist das Wort Trumm mit dem lateinischen Terminus verwandt, das Grenze und Ende bedeutet. Es gibt stoffliche wie geistige Trümmerhaufen. Eine geistige Zerstörung, das Zertrümmern eines Welt- und Menschenbildes in seine Bruchstücke, geht einer tatsächlichen stofflichen Zerstörung, den Materialtrümmern, voraus. Sich etwas Ganzes nicht mehr vorstellen zu können, von den Dingen des Lebens keine bildliche Vorstellung mehr gewinnen zu können, ist zeitgemäß. Architekten denken unvollständig, in Bruchstücken, und bauen halbfertige Sachen: Fragmente. Dergestalt liegt Zeit in geistigen Trümmern, dem Verständnis von Baukunst entsprechend in Vergangenheit, Gegenwart und Zukunft zerlegt.

Diese Teil-Zeiten werden wie die Freizeit, Teilarbeit und Teilzeitarbeit als Teil-Wahrheiten den Hoheitsgebieten der Wissenschaft zugeordnet und in diesen getrennt verwaltet. Durch den Zerfall des Zeitverständnisses in seine Bruchstücke ging auch das Verständnis für ein Bauen und Wirken der in alle Zeiten eingebundenen Tradition verloren und wurde zu Endstücken zertrümmert, ein jedes Bauwerk ein Kunststück. Einzelstücke falscher Ansprüche stehen in der Gegend herum. Ein jedes ist Endstück einer Originalitätssucht, die beliebig ‚Architektur' vortäuscht und versucht, die alte Moderne zu modernisieren. Einige Modernisten flüchteten in die Gegenwart der Vergangenheit und zeichneten sich durch einen experimentierfreudigen Geltungsdrang aus, sie selbst nannten es Fantasie, Innovation, Interpretation oder einfach Schau. Nun erfanden sie neue Gegenwarten, die alte Gegenwart allein reichte ihnen nicht hin. Es galt der eitle Anspruch inszenierter Selbstdarstellung und der Gegenwart wie den Rivalen immer um eine Spur 'Vergangenheit' oder 'Zukunft' voraus zu sein. Dem sich an der 'Zeit' verzehrenden Architekten wird folgende Zeitcollage gewidmet:

1.Fall:
Die Gegenwart der Vergangenheit
Die Gegenwart der Gegenwart
Die Gegenwart der Zukunft

2. Fall:
Die Vergangenheit der Vergangenheit
Die Vergangenheit der Gegenwart
Die Vergangenheit der Zukunft

3. Fall:
Die Zukunft der Vergangenheit
Die Zukunft der Gegenwart
Die Zukunft der Zukunft.

Wer Gegenwärtiges für vergangen erklärt, lehnt es ab. Wer Vergangenes vergegenwärtigte, zitiert es. Wer Zukünftiges vergegenwärtigt, erwartet es. Ablehnen, Erinnern, Erwarten sind nur einige von vielen gängigen Verhaltensmuster mit großem Einfluss auf Gesellschaft, Politik, Wirtschaft, Kultur im Bestand und Wandel ihrer Verfasstheit, mit großem Zugriff auf ‚Architektur', die Lebensformen simuliert, Lebensweisen vorgibt und regelt:

Wer lehnt (reißt) was ab, wer erinnert (baut) was (wieder auf), wer erwartet (baut) was (neu) in alltäglicher Gegenwart? Abriss, Wiederaufbau, Neubau sind ein Nebeneinander im wilden Durcheinander ohne jeden Anspruch an das Ganze, das mehr sein könnte als eine Summe seiner Teile, und an eine ‚Architektur', die mehr seine sollte als eine Summe von Fragmenten: die *Tautologie des langen Schlusses* einer Baukunst im *Bestand als Aufgabe*, die Rudolf Schwarz und Emil Steffann erfüllte, prägte und ihr Werk auszeichnete.

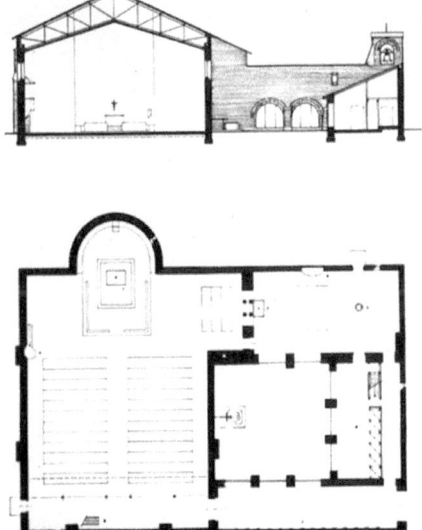

Emil Steffann: Kirche St. Johannes in Merkstein bei Aachen (1962)

Eine andere Moderne?

Den *Außenseiter* Rudolf Schwarz nannte Wolfgang Pehnt 1999 ‚*Architekt einer anderen Moderne*'. Die eine und die andere Moderne, heroisch oder flüchtig, welche Moderne war gemeint? *Die alte Welt versinkt: „Welt" im weitesten Sinne des Wortes genommen, als Inbegriff von Werken, Einrichtungen, Ordnungen und lebendigen Haltungen*, schrieb Romano Guardini 1927 im letzten, neunten der *Briefe vom Comer See* und kündigt in einer Fußnote die Schrift *Wegweisung der Technik* von Rudolf Schwarz an. Für Romano Guardini wie Rudolf Schwarz ersetzte ‚*Technik*' die alte Welt der Dinge durch eine neue Welt der Sachen ohne Bedeutung und Sinn. 1928 hatte Alfred Renger-Patsch 100 Photographien in seinem Bildband *Die Welt ist schön* veröffentlicht, in sieben Abschnitte: *Pflanzen, Tiere und Menschen, Landschaft, Material, Architektur, Technik, Bunte Welt, Symbol* gegliedert und Rudolf Schwarz 14 Photographien für dessen *Wegweisung der Technik* überlassen, um abschließend den *Sinn dieser Schrift* zu verdeutlichen, obwohl Schwarz bezweifelte, dass *solch eine Sache umfassend im Bild darzustellen ist*. Die Bilder waren für ihn lediglich *ein Hinweis auf die Weite und Tiefe der Fragen, eine Aufforderung zu sorgfältiger Beobachtung, ein wenig auch…eine Mahnung, sich nirgendwo sicher zu fühlen, denn die Bewegung zielt auf alle Gebiete* und *die Bilder* ließen sich, mit Verweis auf die *Großstadt*, den *Verkehr* oder die *Probleme der Soziologie ins Ungemes-*

sene vermehren und, Walter Tönnies zitierend, *Rationalisie-rung ,macht die Objekte ihrer Herrschaft so sehr als möglich GLEICH und in bezug auf einander FREI, so daß die Einhei-ten beliebig kombiniert und in Systeme gebracht werden kön-nen'*. Bereits 1926, 1928 in sechster völlig veränderter und wesentlich vermehrter Auflage, hatte Erich Mendelsohn sein Buch *Amerika, Bilderbuch eines Architekten* mit eigenen und Photographien von Knud Lönberg-Holm, seinem Chefarchi-tekten Erich A. Karweik und Fritz Lang veröffentlicht und geschrieben: *...was wir heute allgemein als „typisch ameri-kanisch" bezeichnen, ist das Zerrbild der europäischen Mut-terländer Amerikas. Auf den mitgebrachten Restgütern er-richtet der Amerikaner die wilden Wahrzeichen der „gestei-gerten Zivilisation", erhebt sie als „Geldzentrum – als Welt-zentrum" ins „Gigantische", übersteigert sie zum „Grotes-ken", um endlich mit kühnem Wurf „das Neue – das Kom-mende" zu gestalten* - was für Rudolf Schwarz zur offenen Frage einer *Wegweisung der Technik* wurde, beschrieb The-odor W. Adorno 1944 in *Minima Moralia – Reflexionen aus einem beschädigten Leben* als *Asyl für Obdachlose; denn wie es mit dem Privatleben heute bestellt ist, zeigt sein Schauplatz an. Eigentlich kann man überhaupt nicht mehr wohnen. (...) Am ärgsten ergeht es wie überall denen, die nicht zu wählen haben. Sie wohnen wen nicht in Slums so in Bungalows, die morgen schon Laubenhütten, Trailers, Autos oder Camps, Bleiben unter freiem Himmel sind. Das Haus ist vergangen. Die Zerstörungen der europäischen Städte ebenso wie Ar-beits- und Konzentrationslager setzen bloß als Exekutoren fort, was die immanente Entwicklung der Technik über die*

Häuser längst entschieden hat. Eine *lieblose Nichtachtung der Dinge* richtete sich für Adorno *gegen den Menschen,* seine Gedanken mit dem berühmten Diktum abschließend: *Es gibt kein richtiges Leben im falschen.* Gibt es ein falsches Leben im richtigen?

1968, das Todesjahr von Emil Steffann und Romano Guardini (1967 das von Walter Gropius, 1969 das von Mies van der Rohe; 1965 starben Le Corbusier im Mittelmeer, 1961 Rudolf Schwarz in Köln), wurde ein Jahr der Revolten nicht nur in Paris, auch in Aachen. Dort trafen sich Architekturstudenten der RWTH Aachen im Sommer zum ‚*workshop*' mit der Londoner Architektengruppe *archigram,* waren die Fakultät im Umbruch, Lehrstühle unbesetzt und die Studentenrevolte Alltag. Architekturlehre und -studium richteten sich in Aachen neu aus. Architekturstudenten debattierten, veranstalteten ‚*sit-ins*' und ‚*teach-ins*', besetzten leerstehende Gründerzeithäuser, reisten durch Indien, entdeckten den Orient und Canabis, zogen nach Belgien auf das Land und infolge des Prager Frühlings nach Aachen. Ältere Semester erzählten von Rudolf Steinbach, dem Weggefährten von Rudolf Schwarz und Emil Steffann. Er wohnte im Gartenhaus Mantels auf dem Lousberg und empfing dort die Erstsemester mit Wein. Im Oktober 1968 begrüßte ein bärtiger, langhaariger Vorsitzender des Studentenrates das Erstsemester prophetisch mit den Worten ‚*Schulen werdet Ihr künftig nicht mehr bauen, Computer werden sie ersetzen.*' Sein Menetekel sagte die Zukunft voraus. 1968 endete auch die Gründerzeit des Landes Nordrhein-Westfalen und begann die kritische Auseinandersetzung mit der Nachkriegsmoderne. Der Wiederaufbau wurde im größeren, baugeschichtlichen Zusammenhang von Verstädterungs- und Wohnungsfragen erörtert; denn die Missstände und Kritik an einer verbauten Welt waren nicht neu. Sie schienen sich zu wiederholen. Viele entdeckten im Alten das Neue. Es ging um das Bauen im Bestand und um eine behutsame Stadterneuerung. Beachtlich war es, dass 1981 die Architektenschaft des 1947 aus der britischen Besatzungszone hervorgegangenen Bundeslandes Nordrhein-Westfalen ihr Selbstverständnis mit dem Schaffen zweier Baumeister verband, deren Wirken weit in die Zeiten kritischer Auseinandersetzung um die Ziele und Werte des Neuen Bauens zurückreichte. Grob formuliert forderten die Protagonisten der heroischen Moderne, allen voran das Bauhaus und Le Corbusier, die italienischen Futuristen und die russischen Konstruktivisten, ihre Epigonen und Nachfahren, eine formalästhetische Revolution. Sie leiteten ihre 'neue Architektur' aus den Regeln einer Maschinenästhetik und Maschinentechnik ab, setzten sie mit industriellen, technisch-sozialen und utilitaristisch-politischen Programmen durch. Hingegen lehnten Rudolf Schwarz und Emil Steffann geschlossene 'Architektur – und Gesellschaftssysteme' ab, widersprachen politischen, sozialen, wirtschaftlichen Ideologien und widersetzten sich technischen wie ästhetischen Programmen. Sie träumten keine perfekte internationale Weltarchitektur und forderten stattdessen ein Bauwesen für die Bedürfnisse der Menschen mit Rücksicht auf landschaftliche Gegebenheiten in Verantwortung der örtlichen Möglichkeiten. Weder Modernisten noch Traditionalisten nahmen sie sich die Freiheit, immer aufs Neue ausgewogen und offen nicht 'endgültige' Entscheidungen zu treffen. Weder Technokraten noch Formalisten verwiesen sie auf das Dienen der Baukunst. Sie blieben bescheidene Baumeister der Gewissheit, dass eine innere Wahrheit der Dinge jedem Gestaltungsanspruch überlegen war und folgten dem Gebot einer auf die wesentlichen Fragen des Lebens beschränkten Baukunst. Sie erkannten, dass aus kulturgeschichtlicher Sicht die heroische Moderne zwanghaft und blind die Ziele des 19. Jahrhunderts rationalisierte und verwirklichte. Diese hingen eng zusammen mit den gesellschaftlichen Lebensbedingungen der im 19. Jahrhundert aufkommenden Industrialisierung von Nationalstaaten und ihrer Territorien, die in XX. Jahrhundert zu verwaltungstechnisch perfekt kontrollierten Gesellschaften ausgebaut wurden. Mittlerweile haben die Normen und Normierungen der weltweit tätigen Immobilienwirtschaft die Erde mit ihrer Dienstleistungsarchitektur überschwemmt. Hatte noch die Kritik an den Mietskasernen des 19. und 20. Jahrhunderts auf geschichtliche Parallelen bereits geführter Auseinandersetzungen in den 20ziger und 30ziger Jahren über die Ziele und Aufgaben des Bauens verwiesen, wurde der scheinbare Widerspruch von Tradition und Fortschritt zur Posse einer Nachmoderne und ihrer Architekturtheorien ohne Bezug auf die Baukunst und Baugeschichte. Emil Steffann setzte einer fragwürdigen Industrialisierungsdebatte die Notwendigkeit handwerklichen Bauens entgegen, Rudolf Schwarz den technischen und baulichen Oden seine 'wirkmächtiger Bilder'. Mit ihrer Baukunst begründeten sie nach 1945 eine Bautradition, die 1981 von der Akademie der Architektenkammer Nordrhein-Westfalen im Rahmen der Architekturtendenzen zum

Ende des letzten Jahrhunderts in ihrer ersten Architekturausstellung gewürdigt wurde. Die damaligen Präsidenten der Architektenkammer Nordrhein-Westfalen, Hermann Josef Beu,
und der Deutschen UNESCO Kommission, Otto von Simson,
nannten Rudolf Schwarz einen großen Baumeister, einen der
anregendsten Architekturlehrer und einen der wichtigsten Architekturdenker Deutschlands. Als herausragend bewerteten
beide Präsidenten die baumeisterlichen Leistungen von Emil
Steffann, den sie einen Architekten des Wiederaufbaus und
Erneuerer in Vergessenheit geratener Vorstellungen über ein
menschenwürdiges Leben in einer gebauten Umwelt nannten.
Demut bedingt Baukunst, Hochmut zeitigt ‚Architektur',
heute nur noch ein Geschäftsmodell eines Gewinnstrebens
von Geschäftsleuten mit Gewinnabsichten – *blinde Natur, die
ihrem wahrhaftigen Zustand entgegengeht und ihre träge
Entropie aufsucht, Trieb, der sich bis zur Erschöpfung aus-
rast*, schrieb Rudolf Schwarz 1928 in seiner *Wegweisung der
Technik*.

Hinweise

Das Nachwort *Eine andere Moderne?* ist die gekürzte, überarbeitete Fassung des Artikels *Zwei rheinische Baumeister - Rudolf Schwarz und Emil Steffann* (Deutsches Architektenblatt 3/ 1. März 1982, NW, 72-79).

Die Kapitel *Fragen* (Manuskript eines Vortrags an der Fachhochschule Dortmund) und *Aufgeben* (aktualisierte Text der in Belgien nicht verlegten Werkmonografie über Emil Steffann) sind Erstveröffentlichungen.

Die Originaltexte wurden gekürzt, redigiert und Wiederholungen gestrichen. Ihre Reihenfolge und Überschriften entsprechen dem Aufbau des Buches und stehen für folgende Texte:

Rudolf Schwarz: *Rudolf Schwarz - Denker und Baumeister (1981)*

Fragen: *Die Frage der Technik (1983)*

Antworten: *Mensch und Maß (1981)*

Emil Steffann: *Bedeutung und Wirkung Steffannscher Bauten - Zur Kontinuität lebendigen Bauens (1979)*

Bilden: *Sinngerechtes Bauen (1980)*

Dienen: *„Wider das Trugbild „Architektur", zur Emil Steffann Ausstellung der Kunsthalle Bielefeld (1981)*

Aufgeben: *Gegenüber der Wirklichkeit (1981)*

Wirken: *Die ersten Aufgaben der Architektur (1983)*

Auf Bilder wird unter Verweis auf die Bücher *Das naheliegende Einfache, Emil Steffann und die Baukunst 1921-1968* und *Rudolf Schwarz und Emil Steffann, Planmappe Sankt Anna* verzichtet.

Manfred Sundermann
03. Juli 2023